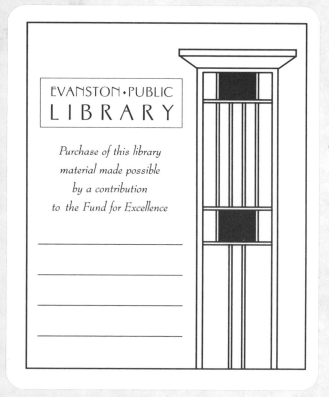

THOMAS ALVA EDISON

MARGARITA LEÓN CARMONA

Copyright © EDIMAT LIBROS, S. A.
C/ Primavera, 35
Polígono Industrial El Malvar
28500 Arganda del Rey
MADRID-ESPAÑA

ISBN: 84-9764-584-7
Depósito legal: M-35193-2004

Colección: Grandes biografías
Título: Thomas Alva Edison
Autor: Margarita León Carmona
Coordinador general: Felipe Sen
Coordinador de la colección: Juan Ernesto Pflüger

Diseño de cubierta: Juan Manuel Domínguez
Impreso en: COFÁS

IMPRESO EN ESPAÑA – *PRINTED IN SPAIN*

INTRODUCCIÓN HISTÓRICA

Estados Unidos se configuró como nación en un largo proceso que comenzó en el s. XVI, con la llegada de los colonos pioneros, y finalizó a principios del s. XX, tras la Primera Guerra Mundial. En este proceso se distinguen tres etapas claramente definidas: una primera etapa de colonización; una segunda etapa de consolidación que finaliza en 1865, fecha en la que termina la guerra de Secesión, y una tercera época caracterizada por el crecimiento empresarial.

A mediados del s. XVI se produjo en Inglaterra la primera expansión colonial de los británicos a Norteamérica, pero fue en el s. XVII cuando se produjo la llegada masiva de colonos ingleses, motivada por la situación económica, política y religiosa que vivían en Europa. La nueva población Norteamericana estaba formada, en su mayoría, por ingleses, aunque fue importante también la inmigración de alemanes y escandinavos. Los colonos angloamericanos fueron los principales dirigentes. Se caracterizaban por ser una población predominantemente joven procedente de zonas rurales. Fue a finales del s. XVIII cuando el proceso inmigratorio de Estados Unidos alcanzó su máximo apogeo. Desde 1790 a 1830 la población pasó de cuatro a trece millones de habitantes.

Los cambios tecnológicos que revolucionaron la producción agrícola en Inglaterra y que comportaron el desarrollo industrial en los últimos treinta años del s. XVIII, se hicieron sensibles en el continente europeo con el cambio de siglo.

Por un lado, en el sector primario se produjo un fenómeno de mecanización gracias al aumento de capital que obtuvieron con los excedentes agrícolas. La nueva tecnología aplicada al campo propició un sobrante en la mano de obra, por lo que gran parte de la población agrícola se vio obligada a emigrar a las ciudades donde los talleres artesanales empezaban a ser sustituidos por nuevas fábricas que adoptaban la tecnología de producción desarrollada en Inglaterra.

Pero las ciudades europeas no pudieron asumir toda esa mano de obra excedente. En algunos países como Irlanda, la población emigró de las zonas agrícolas directamente a Estados Unidos ya que estas ciudades irlandesas no se habían industrializado.

Una vez los colonos se hubieron establecido en Estados Unidos, comenzó el proceso de consolidación del país. Después de la guerra de la Independencia Norteamericana (1775-1783), Inglaterra concedió la independencia a las trece colonias por el Tratado de París, también conocido como el de Versalles, el 3 de septiembre de 1783. Se empezó a constituir la historia nacional. En 1787 entró en vigor la Constitución y en 1789 George Washington fue elegido presidente de la Unión. Poco a poco se iba reafirmando la conciencia nacional del país. Los colonos se asentaban en pueblos y ciudades en continuo crecimiento. Adoptaron una forma de actuar práctica, materialista y enfocada a crear riqueza. El hombre de esa época se caracterizaba por ser polifacético: agricultor, ganadero y artesano que se veía obligado a crear sus propios utensilios, actividad ésta que fomentaba una mayor capacidad de invención en comparación a los europeos. La finalidad era asegurar la unión de los estados y a su vez respetar las características y peculiaridades de cada uno.

Fue en el último cuarto del s. XVIII cuando comenzó la expansión demográfica del Este al Oeste. Primero, los pioneros exploraban los territorios, después los *squaters,* nuevos habitantes que ocupaban el territorio por el método de la presura, acondicionaban el terreno y lo vendían por un precio más alto a los *settlers*, quienes se asentaban definitivamente en esas tierras, configurando el nuevo modelo de población del Oeste americano. A la vez que los colonos avanzaban en su frontera, los indios quedaban reducidos en pequeñas reservas y poco a poco fueron extinguiéndose hasta quedar reducidos a una minoría testimonial.

Durante la primera mitad del s. XIX, se vivió en Estados Unidos la época dorada del transporte de mercancías mediante barcos de vapor por canales artificiales o naturales. A partir de 1840 empezó la construcción rápida de las grandes redes de transporte ferroviario que, en 1860, habían desbancado al transporte en barco. Uno de estos grandes canales para el transporte de mercancías unía los grandes lagos con Nueva York y junto a él se situaba el pueblo de Milán, que se había desarrollado gracias a este tipo de actividad. La economía continuaba siendo de tipo colonial, pero gracias al desarrollo del transporte ferroviario cada región se fue especializando y tomando una forma de vida propia. El Sur vivía del algodón con mano de obra esclava y dependía de los Estados del Norte y de Europa en cuestiones de capitales, mercados y productos fabricados. Por otro, la base económica del Norte eran las manufacturas, y también se convirtió en el centro de las actividades financieras y comerciales gracias a la proximidad con los grandes puertos de Nueva York, Filadelfia y Boston.

Empezaron a acentuarse las diferencias entre Norte y Sur, entre los estados industriales y de trabajo asalariado del Norte y los estados latifundistas y esclavistas del Sur. La nueva política americana favorecía sólo a los estados capitalistas del Este. El Oeste y el Sur mostraban su descontento, hasta desembocar en la guerra de Secesión (1861-1865) con Abraham Lincoln como presidente de los Estados Unidos. Debido a que el Norte era zona industrializada alcanzó su superioridad sobre el Sur gracias a la capacidad para adaptarse a la producción de guerra. El 9 de abril de 1865, el Sur tuvo que capitular en Apomatox. Siete días después, Abraham Lincoln fue asesinado en el Teatro Ford de Washington. Comenzaba una época de reconstrucción del país, dejando atrás el pasado. Con el final de la guerra se restableció la unidad del país pero en provecho del capitalismo del nordeste. En el Norte la industria, el comercio y las finanzas experimentaron un enorme desarrollo. Los estados del Sur volvieron a formar parte de la Unión.

La economía del Sur estaba empobrecida como consecuencia de la guerra. Además, otros países como Egipto y la India entraron a formar parte del comercio internacional del algodón, por lo que las plantaciones de estos Estados cada vez adquirían menor importancia.

La nueva situación después de la guerra hizo que se modificara la Constitución por medio de enmiendas. Se abolió la esclavitud y se reconoció el voto para estos antiguos esclavos negros. Gracias a que esta población adquiriera en el Sur un carácter dependiente de los terratenientes, se reinició la actividad en las plantaciones de algodón. Esto hizo que los estados del Sur alcanzaran la supremacía que tenían en un principio e incluso llegaron a adquirir nuevos territorios al Sur del Mississippi, a pesar de que las nefastas consecuencias de la guerra dejaron una mella profunda en el ámbito político.

Una vez restablecida la situación después de la guerra, con el destacable desarrollo en la industria, el comercio y las finanzas, la economía de Estados Unidos se colocó en primer lugar a nivel mundial. Era una época en la que se potenciaba el individualismo en lo social y la iniciativa privada en la industria y el comercio. El carácter proteccionista contribuyó a este desarrollo, además de contar con una elevada cantidad de recursos agrícolas, un gran avance en las infraestructuras de las telecomunicaciones y, sobre todo, potenciado por un fuerte espíritu emprendedor que, a diferencia de los países europeos, no se encontraron con los obstáculos que planteaba el Antiguo Régimen, por lo que su política liberal hizo que todos los habitantes contribuyeran al crecimiento y avance del país.

Además de un alto índice de natalidad, se producían continuas oleadas de inmigrantes desde Europa. En el último cuarto del s. XIX llegaron a Estados Unidos más de once millones de inmigrantes europeos. Al mismo tiempo que llegaban inmigrantes, se iban ocupando las tierras del lejano Oeste. El gobierno regalaba las tierras a todos aquellos que se comprometían a explotarlas. El ferrocarril ayudó al poblamiento de estas zonas. La mecanización en la agricultura hizo que se extendieran los cultivos. A finales de siglo todo el territorio quedaría ocupado.

Estados Unidos pasó a ser la primera potencia exportadora del mundo. Al aumentar la población, aumentó también la mano de obra. Esto supuso un aumento en la producción y en el capital de inversión. El desarrollo industrial del Este fue mucho más rápido que el desarrollo agrícola del Oeste. Así, Estados Unidos pasó a ser el primer productor mundial de hierro, carbón, petróleo y plata. Todo esto representaba la más clara consecuencia de la actuación proteccionista que contribuyó a la creación de los primeros grandes monopolios.

Todos los sectores industriales crecieron al mismo ritmo. Las industrias se concentraban en una misma zona y alejadas de los núcleos urbanos. La producción de estos núcleos industriales llegaba a abastecer de un mismo producto a todo el territorio que comprendía la Unión.

Se empezaba a desarrollar cierto capitalismo mediante la expansión de los negocios con base financiera que permitía el aprovechamiento de las inversiones de capital, a nivel nacional e internacional, gracias a la flexibilidad de un sistema crediticio en manos de los grandes bancos. Esta posibilidad de trabajar a base de créditos blandos hizo que muchos hom-

9

bres emprendedores se arriesgasen a montar empresas y, otros, a invertir sus ahorros. El desarrollo económico y el enriquecimiento fácil permitió la aparición de un nuevo grupo social conocido como los nuevos ricos que se caracterizó por el gasto de ingentes cantidades de dinero en productos suntuarios. Estos hombres llegaron a acumular auténticas fortunas.

El alto índice de crecimiento empresarial hizo que empezara a existir una fuerte competencia entre las empresas. Era necesaria una mayor tecnificación en la producción con plantas industriales más grandes, mejor maquinaria, etc., que sólo podía ser sostenido con un volumen de capital mucho mayor que en un principio. Todo esto fue posible gracias a la formación de grandes grupos bancarios que nacieron por dos vías diferentes: nuevas corporaciones gracias a los excedentes de capital generados por la revolución agrícola e industrial; y la adaptación de las antiguas firmas bancarias a los nuevos usos financieros necesarios para la financiación de los ambiciosos proyectos empresariales. La aparición de estos grupos financieros y el rápido crecimiento de las empresas contribuyeron al aumento de la competencia entre las empresas de un mismo sector. El afán por desbancar a los rivales nacidos del nuevo sistema económico trajo consigo la aparición de los *trusts* empresariales.

El incremento de la producción provocó una tendencia a la concentración de capital, a la vez que la necesidad de reunir esos capitales necesarios forzaba el endurecimiento de la competencia que exigía igualmente una mayor tecnificación, que debía ser sostenida por un gasto elevado para producir por encima de los rivales. Esta era la base del sistema de competencia perfecta nacida del capitalismo industrial. Esta competencia establecía que los precios se regulaban libremente en función de la oferta y la demanda corregidas por la competencia entre las empresas, como había establecido Adam Smith, el padre del liberalismo económico. La espiral competitiva de las empresas por hacerse con el mercado logró que la regulación de los precios, vía competencia, fuera peligrosa ya que podía obligarles a vender por debajo de los costes de producción. Para evitar esta práctica que llevaría a la ruina a muchísimas empresas se empezaron a buscar métodos para pervertir el sistema de libre competencia. El primer paso fue el establecimiento de acuerdos verbales entre los propietarios de las empresas para establecer unos precios mínimos que no debían ser sobrepasados. El siguiente paso fue la creación de *pools* que consistían en el reparto de las zonas en las que las empresas debían comercializar sus productos. La siguiente vuelta de tuerca fue la aparición de los *cartels*, es decir, la coordinación de las políticas de producción de diferentes empresas dedicadas al mismo sector para impedir nuevos competidores. Cuando todas estas formas fueron superadas, apareció un nuevo fenómeno de integración empresarial conocido como *trust*. Empezó con la práctica del *voting trust* que consistía en la cesión, por parte de los propietarios de las empresas, de su capacidad de decisión a cambio de dividendos sobre los beneficios empresariales. Cuando el *voting trust* fue prohibido en Estados Unidos, apareció el *holding,* nuevas sociedades que controlaban diferentes empresas haciéndose con un porcentaje de acciones suficientes para poderlo lograr. El *holding* fue el último paso antes de la integración total en los *trusts* que consistían en el control de los sectores de producción gracias a la concentración de todas las empresas de un mismo sector en manos de un solo propietario. La formación de los *trusts* podía ser por dos vías: la acción de las empresas que absorbían a sus competidores o creados directamente por los bancos que concentraban sus recursos en el control de sociedades. La creación de los *trusts* se vio tremendamente facilitada en los períodos de crisis ya que las grandes corporaciones financieras podían hacerse con sus rivales de menor tamaño que no eran capaces de enfrentarse a un período de recesión económica, de manera que, al acabar la recesión, los grandes grupos habían eliminado a muchos de sus competidores. El caso más sobresaliente en la formación de un *trust* fue el de Rockefeller y la creación de la Standard Oil Company.

La aparición de estos sectores de población enriquecida no habría sido posible sin la configuración de una nueva mentalidad originada por el capitalismo, que era utilitarista y que lejos de enfocar la economía como la forma de cubrir las necesidades del individuo, como en un principio, daría como consecuencia la aparición de una economía de masas.

Esta concepción de la economía contribuyó a que la ciencia pasase a ser técnica ya que deja de ser una cuestión meramente teórica o académica, como era en otros países, para convertirse en algo práctico, en la fuente de las mejoras de la producción y de la vida cotidiana de los Norteamericanos.

La consolidación del Capitalismo coincidió con las dos corrientes filosóficas del momento: El Romanticismo y el Positivismo. Por un lado el Romanticismo hizo que los hombres mostraran un gran interés por los fenómenos de la Naturaleza y, motivados por la curiosidad, se dedicaran a la comprobación experimental. Por otro lado, el Positivismo de Augusto Compte hizo que las ciencias del momento se plasmasen en la realidad, dejando a un lado lo sobrenatural y cualquier pensamiento que no se rigiera por la relación causa-efecto. Todos los juicios de valor tenían que ser demostrables por leyes científicas; los fenómenos se debían explicar mediante métodos científicos. El Positivismo desarrolló la idea de la humanidad creadora.

Estas corrientes son fundamentales para entender que, en esa época, el hombre ya no trabajaba para satisfacer las necesidades de sí mismo, sino que tenía la necesidad de satisfacer una economía de masas. Por lo tanto, la ciencia se convirtió en técnica y se aplicó a la economía. El Estado hizo que la cultura, aunque en lo más elemental, ya no se infundiera a una minoría privilegiada sino en todas las clases sociales, incluidas las más bajas, por lo que se aplicó desde las escuelas elementales hasta las universidades, que llegaron a ser los principales centros de actividades científicas. De ese modo, el Estado consiguió paliar el alto índice de analfabetismo que existía en aquella época.

En el terreno científico y, como consecuencia de lo anterior, se produjo una gran ampliación de la masa de estudiosos. La figura del filósofo del s. XVIII empezaba a desaparecer y a ser sustituida por el científico y el inventor. También se produjo un alto crecimiento del nivel de conocimientos. Los científicos e inventores trabajaban en equipo y se relacionaban con científicos de otros países. La ciencia estaba adquiriendo un carácter universal. Nacía así la especialización en el trabajo, para centrarse más profundamente en un determinado aspecto de la realidad. Como consecuencia de esta especialización, la ciencia dejaba de tener ese carácter general del siglo anterior, y pasó a diversificarse, lo que provocó el nacimiento de nuevas ciencias a la vez que las ya existentes se ampliaban.

Esto hizo que los avances tecnológicos fueran el centro de atención de la economía estadounidense. La máquina iba sustituyendo al hombre. Las telecomunicaciones contribuían muy estrechamente al avance acelerado del país, construyendo líneas férreas. Se fomentó la industria metalúrgica. Estados Unidos se regía por una economía de mercado cuya base fundamental era la inseparable unión entre ciencia, técnica y capital.

Los núcleos de difusión importantes en ese momento tales como las universidades, la prensa, hombres de negocios y políticos, empezaron a crear conciencia de igualdad de oportunidades además del *selfmade,* idea esta que sostenía que el hombre, por sus propios medios y esfuerzo, podría llegar a conseguir una gran fortuna. Se creó una escala de valores en la que el éxito, unido al dinero, ocupaba el primer puesto. La sociedad del momento, influenciada por el espíritu de crecimiento y competitividad de las grandes empresas, adquiría un carácter de superación en el trabajo, de mejorarse a sí mismo para conseguir mayor rendimiento y mayor riqueza. Llegó un momento en que la riqueza generaba más riqueza, lo que provocó una gran diferenciación entre las clases sociales provocando así mismo un alto índice de miseria y un gran contraste entre las diversas capas de la sociedad.

Incitaban al éxito pero no daban medios legales para llegar a él. La realidad era que las oportunidades empezaban a escasear a favor de los privilegios. Muchos hombres seguían intentando llegar al éxito saltándose la legalidad para conseguir sus objetivos.

El sueño americano empezó a desaparecer. En su lugar surgió un sistema político de tipo expansionista enfocado a la expansión internacional y basado en su poderosa situación de desarrollo tecnológico y económico.

La recuperación económica tras la Primera Guerra Mundial en Estados Unidos fue continuada desde 1919 hasta 1924 y rápida a partir de ese momento gracias a la devolución de los créditos de guerra de los países beligerantes europeos. El aumento del poder adquisitivo de la clase media americana fue acompañado por un aumento de la producción que permitió la aparición de un sistema consumista. El alto grado de calidad de vida alcanzado en Estados Unidos en el tercer decenio del s. XX ha hecho que el período sea conocido como «los felices años veinte». Uno de los pilares fundamentales de la economía americana fue la facilidad para ganar dinero gracias a la especulación en bolsa. El abaratamiento de los créditos y los altos beneficios bursátiles hicieron que muchos pequeños ahorradores imitasen a las grandes empresas y a los grandes capitalistas e invirtiesen sus ahorros en bolsa.

Tras la Primera Guerra Mundial los círculos bursátiles neoyorquinos vivieron un proceso acelerado de especulación en busca de un enriquecimiento rápido con el menor riesgo.

Este fenómeno arrastraba un desajuste importante en la base de las rentas individuales, ya que quien disponía de rentas se enriquecían a un ritmo mucho más rápido que quienes necesitaban acceder a las rentas para salir de la pobreza. Todo el proceso de enriquecimiento especulativo fue acompañado por un fenómeno de acumulación de la propiedad. El valor de las propiedades agrarias e industriales se multiplicó alejándose de una base lógica que sustentase su aumento de precio. A la vez, el fenómeno de especulación fue incentivado por la bolsa neoyorquina, que permitía la subida descontrolada del valor de las acciones eliminando la limitación a la negociación de las acciones y fomentando intercambios rápidos de paquetes con beneficios constantes. Por si esto fuera poco, la espiral alcista de los precios de las acciones se multiplicó al conceder los bancos, préstamos para la compra de éstas sin otro aval que los intereses que se esperaba sacar del juego en bolsa. Esta situación provocó que el valor bursátil de las empresas y las propiedades alcanzasen niveles ficticios que no coincidían con los criterios lógicos del desarrollo industrial. Esto se hizo evidente en 1928 cuando el valor de las empresas en la bolsa subía un 105% más que el valor de su producción.

A finales de 1928 la economía norteamericana sufrió una deceleración que se cebó, en 1929, en la bolsa. Desde enero del 29 la bolsa había empezado a caer, pero los meses de septiembre y octubre mostraban unos beneficios suficientes para mantener las inversiones. El día 19 de octubre empezó a perderse dinero en los intercambios de acciones, lo que se interpretó como un pequeño reajuste que se demostraría falso. El jueves 24 de octubre, el jueves negro, los accionistas decidieron capitalizar sus valores y salieron, de golpe, a la venta 13 millones de acciones que no tuvieron compradores y que costaron entre un 15 y un 25% de pérdidas para los accionistas. El banquero J. P. Morgan decidió hacerse cargo y convenció a otros banqueros para que lo hicieran, también, de las pérdidas y comprasen la mayoría de las acciones. Los accionistas interpretaron mal esta medida y decidieron vender todas sus acciones pensando que serían compradas por este grupo de banqueros. El lunes 28 se vivió otra nueva oferta masiva de acciones que no pudieron ser compradas por Morgan y sus socios por faltarles liquidez. En este punto las pérdidas por acción se situaban en torno al 50%. La decisión de los banqueros fue vender sus acciones formando, junto a las de los pequeños inversores, un paquete total de 33 millones de títulos a la venta. La demanda de títulos fue totalmente inexistente.

Las consecuencias de este desplome en la bolsa fueron la ruina de millones de pequeños inversores y la quiebra de numerosas empresas que obtenían sus beneficios del juego bursátil. La sucesión de quiebras en cadena que se produjeron en la semana siguiente se conoce como la «Gran Depresión» cuyo repunte no empezaría hasta 1933. La primera medida de los bancos fue restringir los créditos, lo que supuso la quiebra de treinta mil empresas con el consiguiente aumento del paro y el descenso del consumo que provocó que las empresas que todavía no habían quebrado, vieran su producción almacenada y sin salida. Esta acumulación de stocks provocó la quiebra de gran cantidad de empresas en un segundo momento de la crisis, llegando a escasear incluso los productos de primera necesidad. La opción elegida por las empresas fue reducir su producción para regular los precios al alza e intentar ajustarse a las necesidades del mercado.

La crisis se hizo internacional cuando, para solucionar los problemas económicos internos, el Estado Norteamericano decidió dos medidas de choque: la repatriación de sus capitales invertidos en Europa para la reconstrucción, y el cierre de sus fronteras a los productos extranjeros para conseguir el consumo de la producción nacional. La respuesta de los países europeos fue la recuperación de sus capitales invertidos en las colonias, con lo que la crisis afectó tanto a los países desarrollados como a los subdesarrollados.

En 1928, Hoover, candidato del partido republicano, había ganado las elecciones por abrumadora mayoría y, tras *el crack del 29*, la sociedad americana seguía confiando en que sería capaz de solucionar la crisis de la que no le consideraban culpable. Sus medidas chocaron con el mundo empresarial, sin embargo fueron aplaudidas por las grandes corporaciones financieras. Su primer paso fue garantizar los suministros de alimentos ampliando las reservas estatales de trigo y tasando su precio. En segundo lugar aumentó el proteccionismo y por último creó un organismo que debía encargarse de la reconstrucción financiera llamado el RFC (Reconstruction Finance Corporation). Su objetivo fue contener la espiral deflacionista y facilitar los créditos que permitiesen la reactivación económica. Además promulgó una moratoria por la que permitía el aplazamiento de los pagos de los créditos de guerra que debían satisfacer los países europeos a consecuencia de la Primera Guerra Mundial. La consecuencia de su fracaso en la reforma fue el aumento del paro que llegó en 1933 a afectar a 15 millones de norteamericanos. Esto afectó tanto a los trabajadores agrícolas como industriales que perdieron sus casas y sus tierras, que pronto fueron compradas por las grandes compañías agrarias y antiguos grandes inversores en bolsa que intentaron rehacer sus fortunas mediante la inversión inmobiliaria. El gobierno Hoover se mostró incapaz de acometer las reformas necesarias para paliar los efectos de la crisis y devolver el empleo a los trabajadores. Optó por emprender una campaña de medidas asistenciales que, por lo menos, garantizase las subsistencias de gran parte de la población desempleada. Así nacieron las *Hoover's villes*, grandes campamentos en los que se alojaba a todos los que habían perdido su casa y su trabajo, que eran alimentados y vestidos por el Estado. Pese a su fracaso en las medidas económicas, la sociedad norteamericana seguía confiando en él, como demuestra el que las elecciones de 1933 las perdiera por un escaso margen de votos, ante el candidato demócrata Franklin D. Roosevelt, quien permanecería en el gobierno hasta el final de la Segunda Guerra Mundial, durante doce años, porque supo salir de la crisis y recuperar el poderío económico americano gracias a su planteamiento económico conocido como New Deal («nuevo reparto»).

I. DE MILÁN A BOSTON (1847-1868)

Estados Unidos ha sido a lo largo de su historia cuna de muchos hombres eminentes. Uno de ellos, figura característica de la segunda mitad del s. XIX y, que contribuyó estrecha y directamente al crecimiento acelerado de la economía norteamericana, fue Thomas Alva Edison.

Thomas Alva Edison nació el 11 de febrero de 1847, en una pequeña ciudad llamada Milán, en el estado de Ohio, cerca de los grandes lagos Huron y Erie.

Antes de nacer Edison, la familia se ajustaba perfectamente a la figura prototípica del colono pionero de Estados Unidos. Su padre, Samuel Ogden Edison, vivió en el Este de Estados Unidos, en Nueva Jersey. El bisabuelo, John Edison, llegó de Europa y se instaló en Crown Colony, Nueva Jersey, en 1730, en una época en la que los colonos ya empezaban a revelarse en contra de la metrópoli. Se casó con una joven llamada Sarah, hija de Samuel Ogden, en 1765. Después de la Guerra de la Independencia, los Edison se mantuvieron adictos a la monarquía y su obstinada lealtad al rey les llevó a verse exiliados a Canadá, a la zona de Ontario. Allí nació el abuelo de Edison, Samuel Ogden, acérrimo a la corona como su padre, quien se casó en 1792 con Nancy Stimpson. De esta unión hubo ocho hijos; el sexto de ellos, nacido en agosto de 1804, se llamó Samuel Ogden, padre de Thomas Alva Edison. En 1828 Samuel contrajo matrimonio con una joven maestra de escuela, Nancy Elliot. La madre de Edison era considerada como una persona de buen talante, dulce y delicada pero también obstinada y concienzuda. La figura de esta mujer fue muy importante en la vida de Edison ya desde su infancia, ya que él sentía la necesidad de ser digno de ella, motivación esta que le hizo, en muchas ocasiones, superarse a sí mismo. Ocho años después de casarse (1836), este joven matrimonio tenía cuatro hijos: Marion, William Pitt, Harriet Ann y Carlile.

La familia, al igual que el resto de familias de la época, era numerosa, trabajadora e independiente, con el afán de crearse su propia riqueza y de trabajar duro para conseguirlo.

Muy al contrario del abuelo, el padre de Edison, Samuel Ogden, era de ideas liberales. Desafortunadamente vivía en un país en el que se seguía manteniendo la lealtad a la monarquía. Fiel a sus ideas liberales, participó en un movimiento independentista, liderado por William Lyon McKenzie (1837), con el que intentaban que Canadá se desvinculase de la Corona británica. Este amago independentista fue totalmente un fracaso. Samuel Ogden Edison se vio obligado a huir de Canadá, corriendo durante la noche perseguido por los guardias del rey, a través de los bosques de Canadá hasta llegar a Estados Unidos. Cuando llegó se encontró con la necesidad de buscar un sitio donde establecerse, un trabajo, una casa, para luego poder llevar a toda su familia. Tardó un año en conseguirlo y lo hizo en la pequeña ciudad de Milán, en el Estado de Ohio, comunicada por un ancho canal con el lago Hurón y cerca del lago Erie. Desde que llegó a Milán, a fuerza de trabajar duro, consiguió prosperar. Una vez establecido consiguió llevar con él a su mujer y sus cuatro hijos, en 1839. Nacerían dos hijos más, Samuel y Eliza. En 1841, murió Carlile y años más tarde, murieron también los dos más pequeños. En 1847, nació Thomas Alva Edison. Le llamaron Thomas por un tío suyo del mismo nombre, y Alva en honor a un antiguo amigo de su padre, capitán de barco, Alva Bradley, quien le ayudó mucho en los momentos difíciles. Al nacer Edison, su familia interpretó que era un niño defectuoso, dado el peculiar gran tamaño de su cabeza.

La zona de Ohio en la que se situaba Milán era un área en expansión en la que se encontraban a la vez grandes bosques y

Thomas Alva Edison.

abundantes zonas dedicadas a la agricultura y la ganadería. A mediados del s. XIX, empezaron a poblarse considerablemente a través de la zona boscosa. Además de la producción de alimentos se explotó la riqueza maderera como tercera fuente de ingresos. Además, se convirtió en una zona comercial a la que llegaban mercancías de diverso tipo y trigo en abundancia aprovechando las vías de comunicación que suponían sus grandes ríos. Esto permitió el desarrollo de una industria local que sustituyera las importaciones de manufacturas de uso común que hasta entonces llegaban de Europa. Los colonos de esta zona del Medio Oeste se caracterizaron por una mentalidad pragmática que les hizo superar la carencia de herramientas creando pronto sus propios utensilios de trabajo y maquinaria con tecnología avanzada para la época. Esto hizo adquirir a aquellos hombres cualidades de innovación y de invención. La primera mitad del s. XIX se caracterizó por el auge de la industrialización y de los avances tecnológicos. En esa época ya eran conocidos en Europa inventos como el barco de vapor, que superaba, en velocidad y en capacidad de transporte, al barco velero; la máquina de escribir, inventada en 1714 por Henry Mill y perfeccionada a lo largo del s. XIX. Hacia 1867 Latham Sholes, impresor, perfeccionó la máquina que seis años más tarde sería lanzada al mercado. También fue muy importante la aparición del telégrafo; en 1835 Samuel Morse[1] creó un telégrafo eléctrico, formado por una batería y un magneto. Dos años más tarde, 1837, Morse dio a conocer otro aparato telegráfico de mayor perfección hasta que el 24 de mayo de 1844, pudo mandar un telegrama desde Washington hasta Baltimore. El telégrafo eléctrico de Morse se basaba en la emisión de un alfabeto, que lleva su

---

[1] Samuel Morse (1791-1872), el inventor del código que lleva su nombre. El código Morse, lenguaje representado por «puntos» y «líneas» que emitidos por impulsos eléctricos transmiten bien señales acústicas, bien luminosas de una cierta duración. La unidad del código es el punto, con una duración aproxinia a de 5 seg., siendo la línea el equivalente en tiempo a tres puntos. Los espacios entre las letras es de tres puntos y cinco puntos entre palabras.

nombre y todavía es uno de los medios usados en telegrafía. En dicho código telegráfico las letras están representadas con la combinación de rayas y puntos, traducidas luego a las letras correspondientes, dando lugar a la formación de las palabras que conformarían el mensaje.

En esa época y entorno, en que la tecnología estaba creciendo e iba adquiriendo cada vez más importancia, vivió Edison su infancia. El gran inventor del s. XIX se fue formando como un autodidacto, forma de ser ésta debida a diversas circunstancias que le marcaron definitivamente a lo largo de su vida. En 1853, cuando Edison tenía 6 años, a causa de provocar un pequeño incendio en el granero de su casa, su padre le propició una paliza en la plaza del pueblo, llena de gente. Este hecho marcó a Edison para siempre y fue lo que hizo que cada vez fuese más introvertido. Alva tenía muy pocos amigos y estaba acostumbrado a jugar solo. Le gustaba observar las cosas y hacerlas con sus propias manos.

En 1853 llegó el ferrocarril a Milán. Los habitantes de la pequeña ciudad natal de Edison no acogieron con satisfacción el nuevo medio de transporte, se aferraron a la idea de seguir usando el transporte por los canales que comunicaban con los grandes lagos. Este rechazo al transporte ferroviario supuso la ruina de la ciudad. El padre de Edison, se vio obligado a vender todo lo que tenía, las tierras, la casa y su pequeño negocio y a emigrar con su familia. Finalmente se trasladaron a Fort Gratiot, en las afueras de Port Huron, en el estado de Michigan, zona también cercana a los grandes lagos.

A la edad de ocho años Alva comenzó a ir a la escuela del pueblo. Lejos de escaparse de las palizas de su padre y, por su comportamiento introvertido, los maestros, un clérigo protestante y su esposa, se regían por el mismo método de su padre, *el palo*. Además de los golpes, también tenía que soportar que los maestros le trataran como un estúpido, opinión que tenían de él tanto su padre como éstos. Los golpes hicieron que Alva fuera cada vez más retraído y perdiera todo el interés por asistir a la escuela, tal y como él comentó en cierta ocasión:

Recuerdo que nunca fui capaz de ir con gusto a la escuela y siempre era de los últimos en la clase. Poco a poco me acostumbré al hecho de que los maestros no simpatizaran conmigo y a que mi padre me considerase un estúpido.

Después de esto, Edison ya no quería volver al colegio. Su madre, indignada, fue a hablar con el maestro para recriminarle la forma en la que trataba a su hijo. Desde ese momento fue ella, Nancy Elliot, quien decidió encargarse de la educación de su hijo. Edison fue consciente de lo que hizo su madre por él, se sentía orgulloso y decidió ser digno de ella.

Ya a temprana edad, a pesar de no mostrar interés por la gramática y la sintaxis, asignaturas para estudiar propias de su edad, se interesó por la literatura clásica, leía obras como *Decadencia y caída del Imperio Romano* de Gibbon y *La Historia de Inglaterra* de Hume. Fue a la edad de nueve años cuando su madre le compró un libro elemental de Ciencia Física, *La Escuela de filosofía natural,* de R. C. Parker, que describía, con ilustraciones, varios experimentos científicos que podían ser realizados en casa. Según dijo Edison años más tarde: *Aquel libro fue el primer libro de ciencia que leí, siendo un niño de nueve años, y el primero que pude entender.* Esto demuestra la voluntad de su madre de formarle, además de comprenderle en sus inclinaciones. Más tarde, Nancy Elliot le compró un *Diccionario de Ciencia* que le sirvió al joven Edison de gran ayuda para hacer sus experimentos. A partir de entonces dedicó todo su tiempo al estudio de esta materia. Con diez años era un apasionado de la química, tanto que llegó a construir un pequeño laboratorio en el sótano de su casa donde guardaba cualquier cosa que le sirviera para sus experimentos, como tiras de metal y alambre, productos químicos, etc.

En 1859 llegó el ferrocarril a Port Huron con el trayecto que unía esta ciudad con Detroit. La situación económica en la que se encontraba la familia de Edison no era muy favorable, por lo que Alva, tuvo que contribuir también a la economía familiar. Su primer empleo consistió en vender caramelos, fruta y periódicos en el ferrocarril, durante el trayecto Port Huron-Detroit. Este recorrido se hacía diariamente. Para Edison fue una de las épocas más felices de su vida, tal y como él mismo comentaba más tarde al recordar aquellos momentos:

La época más feliz de mi vida fue cuando tenía doce años. Era lo suficientemente mayor para pasármelo bien y demasiado joven para entender los problemas de la vida.

Además de ser la época más feliz de su vida, fue la época en la que se empezaron a fraguar sus dotes de inventor. Durante su empleo en el ferrocarril vivió experiencias que contribuyeron en gran medida a su formación. En Detroit tenía que esperar algunas horas para el trayecto de vuelta a Port Huron. Estas horas de espera las dedicó a observar el trabajo de los mecánicos reparando los trenes y de los operadores del telégrafo.

En la vida de Edison, sobre todo en su infancia, los momentos felices fueron pocos, además de las palizas de su padre, debido a su trabajo, tenía que convivir con gente ruda, por lo que se exponía constantemente a duros golpes. Por si fuera poco, a la edad de trece años, sufrió un accidente que le marcaría para toda la vida. Al intentar subir a un tren en marcha, uno de los empleados del tren le ayudó a subir, agarrándole de la oreja. Edison sintió un enorme crujido en su oído. En ese momento empezó su sordera. A base de desgracias, Edison cada vez se afianzaba más en su carácter aislado, pero fue con su sordera cuando el aislamiento se hizo más radical. A pesar de ello, Edison recibió esa desgracia positivamente, ya que tenía más capacidad de concentración al no oír los comentarios banales del resto de la gente, por lo que el silencio le permitía pensar más profundamente y desarrollar así sus ideas. Ya con trece años, Edison tuvo que dejar de asistir a la escuela. Este hecho le hizo dedicarse a la práctica de aquellas cuestiones que le permitieron después desarrollar sus inventos, dejando de lado la teoría, para dedicarse a la práctica pura de la ciencia, lo que condicionaría a un Edison inventor alejado de los científicos por lo que éstos tenían de teóricos. Este carácter aislado y su capacidad de concentración le permitieron sacar a la luz sus cualidades innatas para llegar a ser el inventor que fue. Su afición a la lectura, que concretó con los fondos de la biblioteca pública de Detroit, marcó su formación ya que, como él mismo reconocía, la teoría de las matemáticas no le atraían de la misma manera que los textos científicos y técnicos cuyas ilustraciones le suponían una vía sencilla de comprensión.

Mi refugio era la Biblioteca Pública de Detroit. Empecé por un libro de la estantería del fondo y acabé leyendo todos los de la estantería, uno a uno. No me conformé con la lectura de unos cuantos y leí todos los que había en la biblioteca. Después conseguí una colección que se llamaba The Penny Library Encyclopedia y la leí completa... Leí luego Anatomía de la Melancolía, obra muy pesada para un muchacho tan joven. Posiblemente, a no ser por mi sordera, nunca me habría aficionado a la buena literatura... A continuación de la literatura, me enfrasqué en los Principios, de Newton...

Tenía entonces quince años, pero carecía de la disciplina y preparación necesarias para lograr entender las matemáticas. A pesar de ello se esforzaba, durante largas horas, en estudiar, hasta que desistió, debido a la confusión y desorientación.

Aquello me hizo sentir por las matemáticas una aversión que no he perdido nunca.

Cuando ya había cumplido un año en lo que fue su primer empleo, decidió instalar un pequeño laboratorio en el vagón de equipajes del tren, previo permiso de sus supervisores. Allí, trasladó todas las botellas y utensilios que tenía para hacer sus pequeños experimentos.

Aquellos años coincidieron con la Guerra Civil de Estados Unidos.

En aquellas circunstancias bélicas la prensa llegó a su máximo esplendor. La ansiedad de la población por tener noticias acerca del desarrollo de la guerra y la inseguridad de los telégrafos, ya que con frecuencia eran cortadas las líneas, hizo que los periodistas tuvieran que informar con mayor rapidez y economizar las palabras que tenían que transmitir a sus periódicos. Así se configuraba un nuevo lenguaje periodístico conciso pero lleno de información cuyo estilo perdura hasta nuestros días.

Una de las características definitorias de lo que conocemos como contemporaneidad, fue el nacimiento de una nueva sociedad caracterizada por la información. Por ello se considera que el avance de la civilización va íntimamente ligado al desarrollo de los periódicos. La llamada revolución liberal, ocurrida durante los cincuenta primeros años del s. XIX, discurrió paralela, y no por casualidad, con el desarrollo de la prensa que solía ser política y de partido. Posteriormente, entre 1850 y la Primera Guerra Mundial este periodismo ideológico fue solapándose con el periodismo meramente informativo, gracias a la desaparición de los controles de la prensa por parte de los gobiernos.

Un factor determinante en el aumento de la difusión de la prensa fue la mejora de la instrucción por la generalización de la enseñanza, ya que, como principio básico, el número potencial de lectores era mucho mayor. Estas características potenciaron la aparición de empresas periodísticas cuyas pioneras se encontraron en Estados Unidos. La influencia de la prensa en la sociedad llegó a tales niveles que a finales del s. XIX ya se le conocía como el cuarto poder.

Para el desarrollo de la prensa de masas tenían que darse dos condiciones: la primera, como ya hemos visto, el aumento del número de lectores; la segunda, que esos lectores se concentrasen en grandes ciudades que facilitaran la distribución de la prensa. Gracias a estas dos cuestiones la prensa abandonó su carácter elitista y meramente político para tratar temas de información y cotidianos que interesaban a mayores sectores sociales. Al igual que la Revolución Industrial, se desarrolló de diferente manera en unos países que en otros; la prensa se generalizó en los países políticamente más avanzados. Este desarrollo hizo que se pasase de los periódicos controlados por los impresores a los periódicos dirigidos por un nuevo grupo profesional, el de los editores. La consolidación de la prensa escrita acompañó al desarrollo de las sociedades y su éxito iba ligado a las sociedades industriales, clasistas, letradas, liberales y urbanas. El problema de estas publicaciones fue su elevado coste ya que el precio de la suscripción anual a una de estas publicaciones equivalía a un mes del salario medio de cualquier obrero.

Las condiciones especiales de Estados Unidos hicieron posible que la revolución de la información de masas se iniciara allí, sobre todo porque se crearon desde un principio sobre bases modernas y no tuvieron, al contrario que en Europa, que formarse a partir de las antiguas publicaciones. Las condiciones que presentaba Estados Unidos para la aparición de la prensa de masas fueron: crecimiento espectacular de las ciudades, amplia instrucción básica, tradicional libertad de expresión e implicación de la sociedad en la vida política.

La primera de las publicaciones, considerada como prensa moderna, fue el *New York Sun*, nacido en 1833. Su principal éxito fue el de ser el primer periódico que se vendía en las calles y no se repartía a domicilio a la vez que reducía sus costes gracias a la inclusión de grandes espacios publicitarios. Pronto aparecieron competidores como el *New York Morning Herald* o *The New York Tribune* que consiguieron que la lectura diaria de la prensa empezase a ser una característica propia de la forma de vida americana. La aparición del *New York Times* dio una nueva vuelta de tuerca al incorporar páginas de información sobre teatros, libros, bolsa e incluso horarios de los barcos del puerto de la ciudad.

El mayor impulso dado a la prensa en Estados Unidos se produjo durante la Guerra de Secesión gracias al interés que despertó el conflicto, que disparó el número de lectores. Se preocuparon de atraer a nuevos grupos de lectores entre la clase obrera y lo consiguieron mediante la inclusión de noticias curiosas, portadas con grandes titulares y fotos y, sobre todo, al inmiscuirse en los procesos electorales.

La época de oro de la prensa norteamericana nacería con la aparición de dos empresarios del sector: Joseph Pulitzer y William Randolph Hearst (1883). El primero había comprado en 1883 un periódico en quiebra llamado el *New York World* multiplicando su tirada y reduciendo considerablemente el precio por ejemplar. En 1895 Hearst compró el *New York Journal* e inició una lucha con el *World* gracias a su intervención favorable a la guerra contra España en Cuba. La característica fundamental de este nuevo periodismo fue el recurso al sensacionalismo como forma de atraerse a nuevos lectores. Con el desencadenamiento de la Primera Guerra Mundial la prensa recibiría un nuevo impulso pese a volver a su carácter meramente informativo.

Edison, consciente del interés que tenía la gente en recibir noticias acerca de la guerra, tuvo la ocurrencia, haciendo uso de la iniciativa y el ingenio que le acompañarían toda su vida, de adelantarse a los demás a la hora de dar las noticias, ya que cuando aparecían noticias de grandes batallas los periódicos se terminaban antes. Consiguió que el editor de un periódico de Detroit le dejase ver las primeras noticias del día mientras se imprimían las primeras tiradas. Un día, con la noticia de la batalla de Shiloh Church, en la que resultaron 60.000 hombres entre heridos y muertos, decidió adelantar por telégrafo la noticia a todas las estaciones y prometía información más ampliada en el periódico que llegaba con el tren. Al mismo tiempo, pidió al periódico más ejemplares. Los resultados fueron gratamente satisfactorios, ya que las estaciones estaban llenas de gente esperando el diario. Edison vendió todos los ejemplares, a los que les aumentó el precio. Ese día obtuvo considerables beneficios de su hazaña. Poco a poco, se iba viendo la capacidad del joven para inventar o mejorar cosas ya existentes, con resultados directos con el fin de satisfacer las necesidades de todo un colectivo.

El joven genio, lleno de satisfacción por los favorables resultados, y con la corta edad de quince años, decidió embarcarse en su nuevo proyecto. Con algún dinero que tenía ahorrado, compró una antigua imprenta manual y la instaló en el vagón del tren. Allí comenzó a imprimir su periódico llamado *Weekly Herald*, con una tirada de 400 ejemplares a 8 centavos cada uno. En su periódico informaba acerca de noticias locales, rumores, información del ferrocarril y noticias relacionadas con el curso de la guerra que obtenía en las oficinas de telégrafos de las estaciones por las que pasaba. El joven Edison fue el pionero del primer periódico sobre raíles, cuyo director, redactor y editor era la misma persona, un joven de quince años. Las noticias del *Weekly Herald*, que más tarde pasó a llamarse *Paul Pry*, no eran del agrado de todos sus lectores. En cierta ocasión relataba una noticia con la que un poderoso cacique del pueblo se enfureció. Este fue el fin de su periódico. Pero no le faltó tiempo para idear y realizar otros inventos. De hecho, todos sus esfuerzos a partir de ese momento los dedicó al estudio del telégrafo. Para adquirir un mayor conocimiento tomó como base el libro de Richard Green Parker *Escuela de filosofía natural*.

Empezó a mostrar un impresionante interés por dicho aparato. Se empapó de toda la lectura que se encontraba a su paso necesaria para entender el mecanismo. Llegó el momento de aplicarlo a la práctica. Con la ayuda de un amigo, James Chancy, construyeron un sistema rudimentario y de poco alcance consistente en una línea telegráfica hecha con un alambre sacado del tubo de una estufa, que comunicaba dos casas distantes entre sí medio kilómetro. Los dos jóvenes amigos, dedicaron largas horas a explotar su artilugio, enviándose mensajes valiéndose del lenguaje del código Morse. Este sería, para Edison, el comienzo de largos años de dedicación a la mejora de este sistema de comunicación. De día trabajaba y las noches las dedicaba a practicar con el telégrafo. Su padre no le permitía que se acostara tarde ya que al día siguiente tenía que madrugar, así que Edison ideó un táctica para que su padre no se opusiera a que pasara largas horas por la noche con este aparato. Samuel Edison solía leer por la noche la prensa que le traía su hijo, así que Edison dejó de hacerlo y le dijo que mediante el telégrafo podrían llegar a saber las noticias de la guerra. El caso fue que a su padre no le satisfacía el telégrafo de la misma manera que la prensa. Le propuso que, a cambio de que siguiera llevándole la prensa, podría hacer lo que quisiera con su tiempo libre. Y así fue. A partir de ese momento, Edison comenzaba una etapa inquietante, en la que tendría que pasar muchas penurias para conseguir satisfacer su inquietud: inventar.

Empezó siendo aprendiz de un jefe de la estación de Mount Clements, James U. Mackenzie. Éste, en agradecimiento a Edison, ya que había salvado a su hijo de tres años de ser atropellado por un vagón de mercancías, le prometió enseñarle a telegrafiar y también le ofreció una comida diaria durante el tiempo que estuviera con él. Poco tiempo le bastó a Edison para aprender. Tras esta breve etapa de aprendizaje, regresó a su casa, sabiendo todo lo que tenía que saber acerca del manejo del aparato. Entonces, en Port Huron comenzó a trabajar, sin ganar dinero, en la oficina telegráfica de un joyero y librero de la ciudad, Thomas Walker, experiencia que fue muy enriquecedora para su formación ya que se nutrió tanto de la práctica como de los libros de Walker. En sus ratos libres, seguía ideando y construyendo artilugios mecánicos, práctica que le sería muy útil en el futuro.

Meses después, en mayo de 1864, consiguió un trabajo como telegrafista en la estación de Stratford Junction, Ontario. Su sueldo era de 25 dólares. Ningún trabajo hacía a

Edison alejarse de su inquietante tarea de investigar. En esa ocasión tenía turno de noche, por lo que las largas horas las pasaba leyendo o haciendo experimentos. Una noche, investigando unas baterías estropeadas que le había proporcionado un maquinista de la estación, cometió un error en el trabajo que le costó el puesto. Esa noche, le llegó por telégrafo la orden de detener un tren de mercancías, pero Edison no lo pudo detener. La catástrofe se evitó gracias a que los maquinistas frenaron a tiempo para evitar la colisión. De nuevo, Edison tuvo que volver a Michigan.

A los ojos de la gente el joven no parecía una persona normal, le veían como un chico aturdido e inquieto. A la edad de diecisiete años y, tras esa mala experiencia, Edison comenzó una nueva época de su vida itinerante, ocupaba puestos de trabajo como telegrafista en diferentes ciudades del Este de Estados Unidos: Adrian, Fort Wayne, Indianápolis, Cincinati, etc. Dado que eran momentos de guerra, los telegrafistas eran muy solicitados, pero a pesar de eso el joven Edison no era capaz de permanecer mucho tiempo en un mismo puesto, ya que terminaban despidiéndole por descuido en sus tareas. Además, los telegrafistas de aquella época adquirían una imagen de gente aventurera e itinerante. Edison se adaptaba a la perfección a este tipo de personas. Rara vez se quedaba durante varios meses en una misma ciudad y un mismo puesto. Él siempre tenía presente en la cabeza la difícil tarea de mejorar el telégrafo. Sostenía la idea de que era posible enviar dos mensajes simultáneos por una misma línea de telégrafo. Todas estas teorías intentaba fundamentarlas en sus experimentos, dedicando a ello gran parte de su tiempo absorbido en esta materia; vivía en una habitación llena de cables y artilugios; casi todo el dinero que ganaba lo gastaba en material para sus investigaciones, descuidando su imagen y su bienestar. Como siempre, tenía muy pocos amigos, quienes le describían como un joven alto, de nariz prominente, cara alargada y descuidado en el vestir. La gente que le rodeaba no era dada a las innovaciones. Sus jefes le tenían por loco, ya que no comprendían lo que Edison trataba de inventar. Nuevamente sin trabajo, y con muchos obstáculos que superar, y tras haber aprendido español y francés, decidió marcharse a Brasil.

Con la intención de llegar a Suramérica, junto con dos amigos, fueron a Nueva Orleáns para tomar el barco desde allí, donde, afortunadamente para Edison, recibieron noticias de los peligros que conllevaba viajar a esos países debido a las epidemias de fiebre amarilla que se estaban desarrollando en aquella zona. Así que Edison decidió quedarse; no así lo hicieron sus dos compañeros, quienes embarcaron y murieron a causa de la epidemia.

A pesar de quedarse, continuaba la carrera de obstáculos para Edison. Volvió a su casa sin nada. Por si la situación de precariedad en la que se encontraba fuera poco, en su casa se encontró un entorno decadente motivado por la guerra. Su familia había vuelto a perder sus posesiones familiares, y además, su madre estaba envejecida y enferma.

Edison pasó una época de desesperación, rodeado de tantas circunstancias negativas para el desarrollo de sus inquietudes. Entonces, tomó la decisión de trasladarse a Boston a probar suerte. Era una ciudad que reunía todo lo que Edison necesitaba. Por un lado, el nivel cultural era mucho más avanzado en comparación con las otras grandes ciudades. Además, era la ciudad más avanzada en desarrollo científico e industrial en cuestión de equipos eléctricos.

En ese entorno tan propicio, Edison empezó a trabajar, gracias a su amigo Mitt Adams, en la Western Union a pesar de su aspecto desaliñado y su aire despistado, propio de la vida itinerante que había llevado, lo que no contribuía mucho a la hora de recomendarle.

The Western Union fue la sucesora de la empresa *Mississippi Valley Printing Telegraph Company*, que en 1851 fue creada por un grupo de empresarios en Rochester, Nueva York. En 1856 esta empresa pasó a llamarse The Western Union

Telegraph Company, lo que representaba la unión de las líneas telegráficas del Oeste con las del Este en un mismo sistema, después de la adquisición de una serie de sistemas telegráficos de la competencia. En 1861 la Western Union finalizó la instalación de la primera línea telegráfica transcontinental para proveer comunicaciones rápidas de costa a costa durante la Guerra Civil. La Western Union introdujo el primer teletipo bursátil que brindaba las cotizaciones de la Bolsa de Nueva York a los agentes de bolsa. En 1870 lanzó un servicio horario con el fin de normalizar la hora a nivel nacional. En 1871 añaden a la compañía un nuevo servicio llamado Western Union Money Transfer que pasó a ser la actividad principal de la empresa. En 1884 fue seleccionada como una de las 11 acciones originales que se registró en el primer índice Dow Jones.

Edison demostró en muy poco tiempo, a pesar de su aspecto, su valía y sabiduría acerca del uso más eficaz y rápido de los telégrafos. Para Edison el trabajo sólo era un medio para dedicarse a sus inventos a la vez que le permitía estar en un entorno muy propicio a la hora de enriquecerse de aquellas materias que estudiaba relacionadas con sus experimentos. Necesitaba estar rodeado de libros científicos y de utensilios para practicar la teoría; enseguida llenó su habitación, nuevamente, de libros, entre ellos y el que fue su libro de cabecera durante muchos años *Investigaciones experimentales en electricidad,* del que dijo posteriormente que fue el que más servicios le había prestado. El autor, el físico inglés Michael Faraday (1791-1867), fue uno de los maestros de Edison. Además estaba en contacto con otras personas con las que podía hablar de temas relacionados con la electricidad, mientras seguía trabajando en el telégrafo múltiple.

La influencia de Faraday en Edison fue fundamental, por sus estudios sobre electricidad y magnetismo. Estas dos ciencias ya se empezaron a intuir desde tiempos remotos. La primera observación científica de los efectos eléctricos la realizó el filósofo y matemático griego Tales de Mileto, (624- 546 a.C.), en el 600 a.C., observando cómo, después de haber frotado un trozo de ámbar, el pasto seco se adhería a él. También se le atribuye a Tales el primer estudio sobre el fenómeno magnético (nombre dado por Magnesia, lugar del hallazgo de la piedra imán). No se avanzó en sendos estudios ya que creían que esos fenómenos se debían a motivos mágicos.

No se profundizó en el estudio de esta materia hasta 1660, con los estudios realizados por el físico inglés William Gilbert (1540-1603). La palabra electricidad la designa él a esta materia tomando como origen la traducción griega de ámbar (elektron). También estudió el magnetismo pero nunca supo que se trataba de un mismo fenómeno. A pesar de esto, la electricidad como ciencia no nació hasta el s. XVIII. El físico Newton no había reparado en el tema, no así sus discípulos. Fue el caso de Hausksbee, quien comprobó que, mediante la fricción, además de generar electricidad, producía efectos luminosos en el vacío. Años más tarde, en 1729, Stephen Gray, llegó a la conclusión de que la electricidad producida por la fricción podía ser transmitida de un cuerpo a otro sin movimiento material. Distinguió dos categorías de cuerpos: los eléctricos o no-conductores y los no-eléctricos o conductores. A mediados de siglo, en 1745, el holandés Van Musschenbroek (1692-1761) inventó la Botella de Leyden, consistente en un vidrio delgado y recubierto con una lámina de estaño de la que salía una varilla que acaba en forma de esfera. Con este invento se consiguió acumular fluido eléctrico y utilizarlo para provocar descargas eléctricas. Gracias a estos hallazgos se popularizó la electricidad e incluso se empezaban a construir rudimentarias máquinas eléctricas. La primera aplicación práctica importante de esta ciencia la realizó Benjamin Franklin (1692-1790), quien, al estudiar la naturaleza de las descargas eléctricas, pensó que la electricidad era un fluido inmaterial presente en todos los cuerpos, que llegaba a percibirse con la saturación de dicho fluido. Supuso la existencia de la polaridad, positiva y negativa, fundamentándose en que el fluido eléctrico tiende al equilibrio. Como consecuencia de los experimentos concluyó que la materia contenía dos tipos de cargas eléctricas denominadas positivas y negativas. Los objetos no cargados poseen cantidades iguales de cada tipo de carga. Cuando el cuerpo se frota, la carga se transfiere de un cuerpo al otro, uno de los cuerpos adquiere un exceso de carga positiva y el otro, un exceso de carga negativa. En cualquier proceso que ocurra en un sistema aislado, la carga total o neta no cambia. Los objetos cargados con cargas del mismo signo se repelen y los objetos cargados con cargas de distinto signo, se atraen. En 1753 inventó el pararrayos. Con una cometa terminada en una punta de hierro y unida al suelo por un cable, captaba los rayos de las tormentas y así se evitaban los daños causados por los relámpagos. Otro estudioso de la electricidad, el anatomista italiano Luigi Galvani (1737-1798), guiado por el descubrimiento de Franklin, observó cómo aplicando descargas eléctricas en las patas de una rana muerta, siempre que estuviera conectada a la tierra por un conductor eléctrico, se producían contracciones en los músculos en los que se aplicaba la descarga. Él sostenía, erróneamente, que la electricidad producida se generaba en el músculo. Alessandro Volta (1745-1827) descubre en 1795 que es posible producir electricidad introduciendo dos piezas de diferentes metales en un líquido. Así, construye la primera pila consistente en un hilo metálico, a través del cual pasaba la electricidad y unía el primer disco de cobre y el último de zinc. Así la electricidad pasó a ser el centro de atención de muchos científicos y se empezó a concebir como un recurso con muchísimas posibilidades de aplicación práctica. Pasaron varios años hasta que se estableció la relación entre electricidad y magnetismo. En 1820 el físico danés Hans Chirstian Oersted (1777-1851) demostró que una corriente generaba un campo magnético. Más tarde, el físico, químico, matemático, filósofo y naturalista francés André-Marie Ampère (1775-1836) hizo su aportación a la ciencia inventando el selenoide, un cable enrollado en espiras que aumentaba considerablemente el campo magnético generado al circular electricidad, en proporción directa con la cantidad de vueltas que se le diera al cable. Así, siguiendo esta idea, se construyó el primer electroimán. Por fin se logra unir electricidad con magnetismo, creando el electromagnetismo en 1821, gracias a Michael Faraday, quien, mediante sus experimentos, logró demostrar que la acción mecánica era capaz de generar corrientes eléctricas que a su vez permitían mover máquinas. Con el descubrimiento de la inducción mecánica fue posible desarrollar la industria eléctrica con los motores eléctricos, la dinamo y los alternadores. Además, contribuyó con el diamagnetismo a que se empezara a relacionar la luz con fenómenos electromagnéticos. En 1827, Georg Simon Ohm (1787-1817) definió la resistencia eléctrica y propuso la ley que lleva su nombre: Ley de Ohm.

Por fin llegó el primer amago de reconocimiento social hacia Edison, en junio de 1868, cuando aparece en un artículo del periódico *The Journal of the Telegraph,* una noticia sobre un doble transmisor calificado como *interesante, sencillo e ingenioso* inventado por Edison. A raíz de esto, un capitalista de Boston decidió apoyarle económicamente para que se dedicara plenamente a sus experimentos.

El interés de la industria en el campo electromagnético se empezó a mostrar cuando Werner Siemens, en 1876, inventó la dinamo, con lo que se consiguió abaratar la corriente eléctrica. El principal impulso para los avances tecnológicos fue la apertura de amplios mercados de consumo. Por otro lado, en el s. XIX, el ambiente intelectual favorecía a la tecnología debido a que la ideología imperante de la burguesía industrial era liberal, progresista y anticlerical y favorecía el pragmatismo y la eficacia en los negocios por encima de todo. La ciencia física dependía de la industria privada, bien de forma directa o indirecta, si los empresarios invertían en la investigación para conseguir ganancias inmediatas o bien seleccionaban a algunos inventores para conseguir inventos a largo plazo. Edison dependía directamente de la industria privada, por lo que, en ocasiones, le presionaban para comercializar cuanto antes el invento en el que trabajaba, cosa que a Edison no le importaba ya que lo fundamental para él era trabajar.

El mes de octubre de 1868 patentó su primer invento, que no llegó a utilizarse. Se trataba de una máquina que registraba automáticamente las votaciones en el congreso, con la finalidad de que, cuando los diputados tuvieran que votar, sólo tenían que presionar un botón para registrar el voto. Esta nueva técnica acababa con el voto demorado por lo que desfavorecía a los congresistas que formaban parte de la minoría, ya que no podían exponer el motivo de su voto para intentar invalidar los argumentos del contrario. Para el gobierno este invento le parecía útil, pero, en el momento en que ellos estuvieran en la oposición sería perjudicial. Por ello el innovador aparato de votación fue rechazado.

Edison tomó conciencia de que, para sobrevivir, necesitaba crear inventos que tuvieran proyección comercial. En ese momento, el centro de atención eran la bolsa y las finanzas, por lo que creó un aparato telegráfico, con el que, mediante la impresión en una cinta de las cotizaciones de los cambios bursátiles y el precio del oro, podía enviar información desde la bolsa central a las distintas oficinas de los agentes de cambio. A pesar de que su nuevo invento tuviera aceptación, Edison empezó a tener problemas a la hora de relacionarse con los empresarios que le respaldaban económicamente, hasta el punto en que le retiraron la ayuda. El siguiente paso fue intentar comunicar Rochester, ciudad en la estaba instalada la compañía Atlantic and Pacific Telegraph, con Nueva York, que distaban entre sí 600 kilómetros. Fracasó en el intento. Su siguiente destino, en 1868, después de tantos fracasos en Boston y de que los capitalistas ya no confiaran en él, fue Nueva York, a la edad de veintiún años. Durante los primeros días en esa gran ciudad, que por aquél entonces estaba llena de

Laboratorio de electricidad de Edison.

39

miseria, pasó auténticas penurias, hasta que tomó contacto con Franklin L. Pope, a quien conoció en Boston. Éste le dio un préstamo de un dólar, además de permitirle dormir en el sótano de la compañía *The Gold Indicator Company* en *Broad Street*, empresa que se dedicaba, mediante un sistema telegráfico, a transmitir las cotizaciones del oro.

Poco después de llegar a Nueva York, hubo un problema en el sistema del equipo telegráfico en la Gold Indicator Company. Justo cuando el pánico empezaba a hacer acto de presencia, el joven Edison, que conocía perfectamente el aparato ya que lo había estudiado detenidamente, investigó la causa de la avería y solucionó el problema en muy poco tiempo. Esta hazaña hizo que empezara a cambiar su suerte. El inventor del aparato, Samuel Spahr Law, se dio cuenta de la rapidez y facilidad con que Edison resolvió el problema y le ofreció hacerse cargo del mantenimiento a cambio de un sueldo de 300 dólares al mes. Después de estar poco tiempo trabajando en esa compañía, Edison decidió trabajar por su cuenta, ya que la Western Union, compañía que monopolizaba el telégrafo en Estados Unidos, adquirió la Gold Indicator Company, además de haber comprado otras pequeñas compañías telegráficas después de la guerra civil. Edison se trasladó a Nueva Jersey junto con su amigo Pope y con un empresario llamado J.W. Ashley.

El 1 de octubre de 1869, aparece en el *Telegrapher* una noticia, a modo de anuncio, sobre *Pope, Edison & Company*, refiriéndose a ellos como *mecánicos en electricidad y constructores de varios tipos de aparatos y maquinaria eléctrica*. Tanto Edison como Pope se encargaron de poner el capital en el negocio y Ashley, que era el editor del *Telegrapher*, contribuía reservando el espacio en el periódico para el anuncio publicitario de dicho negocio. Pope, que por aquél entonces no tenía treinta años, destacaba como un excelente telegrafista, además de disponer de una sólida formación científica, hasta el punto que en 1886 llegó a ser uno de los fundadores y más tarde el presidente del Instituto Americano de Mecánicos Electricistas.

Edison se sentía satisfecho con su nueva posición, ya que era el centro de atención de hombres de ciencia y de hombres de negocio.

Dentro de ese ambiente tan deseado por el joven, se dedicó de lleno a sus inventos. Construyó un nuevo aparato de impresión telegráfica para transmitir a los importadores y a los agentes comerciales. Este nuevo invento fue adquirido por la Western Union por la cantidad de 15.000 dólares en su afán de monopolizar todo lo relacionado con la telegrafía y con la finalidad de que sus competidores no se hicieran con la patente. De esa cantidad, Edison se quedó con 5.000 dólares, ya que lo tenía que repartir con el resto de sus socios.

Era evidente que Edison ya empezaba a recoger los frutos de su esforzado trabajo como inventor. Gran parte del dinero que iba ganando se lo enviaba a sus padres, como demuestra la carta que les envió en esa ocasión:

Queridos padre y madre:
El sábado os envié otro paquete, cuyo recibo os adjunto. I.C. Edison me escribió diciéndome que mamá no está muy bien y que tú tienes que trabajar mucho. Espero que las cosas os vayan mejor después de este envío. No trabajes tanto y compra a mamá lo que ella quiera. Puedes pedirme dinero. Escribe y dime cuánto necesitaréis hasta junio y os lo enviaré a primeros de mes. Recuerdos a la familia. Dame noticias de la ciudad y de lo que hace Pitt.
Vuestro hijo que os quiere,

Thomas A.

A medida que Edison iba trabajando incansablemente en las mejoras del telégrafo, observaba que sus creaciones, aunque algunas fueran insignificantes, tenían un gran valor. Los beneficios de su trabajo eran repartidos entre los tres socios, hasta que Edison se cansa de esa situación, y en agosto de 1870 se desvincula de sus socios y de la sociedad.

La Western Union Telegraph Company, y su subsidiaria *Gold & Stock Telegraph*, era la madre de los monopolios. Sus cables estaban tendidos por todo el continente. Su riqueza de cuarenta y un millones de dólares, se debía a que el capital invertido para el equipo y las instalaciones era pequeño y por el contrario, las tarifas que cobraban eran altas. El general Lefferts, uno de los directores de la gran compañía, sabía de las intenciones de Edison de separarse de sus dos socios, debido a que era él el que hacía la mayor parte del trabajo. Consideraba que Edison era un experto, por lo que decidió colocar al joven inventor en la Compañía, de una manera estable. Recibió la proposición de mejorar el indicador de capitales. Fue cuando construyó el Indicador Universal Edison por lo que le pagaron 40.000 dólares.

Una de las anécdotas más notables en la vida de Edison fue que, al encontrarse en medio de Nueva York con tanto dinero, no supo qué hacer con él, estuvo todo un día con el dinero encima, hasta que un conocido le aconsejó que fuera al banco a ingresarlo en una cuenta. Toda la capacidad que tenía Edison para los experimentos científicos, le faltaba para comprender los tejemanejes por los que discurría el dinero.

Tras recibir el encargo por parte de la Western Union de fabricar mil doscientos indicadores de cotizaciones, decidió buscar un lugar espacioso donde trabajar. En el invierno de 1871, alquiló en Newark, Nueva Jersey, un almacén situado en Ward Street donde instaló lo que sería su nueva fábrica. En poco tiempo la llenó de maquinaria y equipo necesario para la fabricación e invención, en lo que invirtió la mayor parte de su fortuna.

También se hizo con un equipo de hombres cualificados, elegidos mediante un minucioso proceso de selección. Para ello se basó en la elección de aquellos hombres que tuvieran agilidad y habilidad con las manos, ya que la mayor parte del trabajo era manual y rápido a fin de completar en poco tiempo la fabricación de un gran número de indicadores. Entre todos los que seleccionó para trabajar con él, destacan cinco técnicos a quienes él mismo dirigía: John Ott, un joven alemán de veintiún años, que fue capaz de montar un indicador de cotizaciones que el mismo Edison había desmontado a la sazón como prueba para que el joven demostrara su habilidad; Charles Batchelor, un destacable mecánico, que había llegado de Inglaterra para trabajar en la instalación de una maquinaria especial en la compañía Clark Sewing Threads Mills de Newark, que una vez finalizado el trabajo, decidió quedarse en Estados Unidos y acudió a la fábrica de Edison, quien, dándose cuenta de su pericia como diseñador mecánico no tuvo ninguna duda en contratarlo; los alemanes Sigmund Bergman y Johann Schuckert, a pesar de no saber apenas hablar inglés, eran muy buenos mecánicos. Años más tarde, volvieron a Alemania para fundar lo que hoy en día constituye, en Europa, una de las mayores manufactureras eléctricas, la Siemens Schukert, en Berlín; y por último el suizo John Kruesi, quien, fruto de su trabajo como relojero en Suiza, era capaz de montar con asombrosa habilidad, cualquier mecanismo, por complicado que fuera. Este valioso equipo sirvió para formar al gran número de obreros que se iban incorporando al taller.

Edison tenía muchas esperanzas y gran ilusión invertidas en este nuevo proyecto, a pesar de la gran cantidad de dinero que estaba invirtiendo. Siempre tenía presente a su familia, a quien, a pesar de no poder visitarla, le escribía cartas constantemente relatándole sus experiencias y ofreciéndoles dinero.

Tengo mucho trabajo que atender. Poseo un taller con dieciocho empleados y estoy instalando otro en el que colocaré unos ciento cincuenta hombres. Ahora soy lo que vosotros, los demócratas, llamáis un «orgulloso industrial del Este».

Edison hizo esta alusión ya que su familia, con Samuel Edison a la cabeza, representaba la figura del extremista del Oeste, que rechazaba el poder del dinero del Este, y los grandes monopolios que creaban la industrias del ferrocarril y el telégrafo. Paradojas de la vida: su hijo era, por aquel entonces, una figura importante en el gran monopolio de la Western Union.

También en esas cartas, manifestaba su gran preocupación por la enfermedad de su querida madre. A pesar de su carácter introvertido, siempre demostró auténtica devoción por ella, la persona que le formó y a la que le debía todo lo que había conseguido. En 1871, recibió la noticia de que su madre estaba muy enferma. Él, entregado plenamente a su trabajo, no pudo ir a visitarla a pesar de que siempre la tenía presente, hasta que el 11 de abril de ese mismo año, le llegó un telegrama comunicándole la triste noticia de que su madre, Nancy Elliot, había fallecido dos días antes. El joven Edison viajó a Michigan a asistir al entierro, fuertemente afectado, ya no sólo por el fallecimiento de su madre a la que adoraba, por ser la única persona que le ayudó, le apoyó y le dio cariño, sino también por la gran pena de no haber ido a visitarla antes de su muerte.

Después del breve viaje a Michigan, Edison volvió a Nueva York para continuar con su trabajo. A la edad de veinticuatro años, Edison cargaba con la dirección y responsabilidad de su taller. Se sentía feliz en ese momento al poder contar con un ambiente muy apropiado para hombres innovadores e inteligentes como él, necesarios para la ciencia aplicada que necesitaba nuevos métodos de fabricación más baratos y rápidos. Edison demostró a sus ayudantes su gran capacidad de trabajo, no terminaba de trabajar hasta que no conseguía los resultados que quería. Este mismo método imponía a sus ayudantes, hasta el punto de que, en cierta ocasión, en el año 1870, recibió un pedido urgente de un nuevo indicador automático de cotizaciones por el que le pagaban la cantidad de treinta mil dólares. La fabricación de este aparato les dio muchos problemas, ya que hacía fuertes ruidos y no eran capaces de conseguir hacerlo funcionar. Edison decidió encerrar a parte de su equipo en el taller sin dejarles descansar hasta que no funcionara el nuevo invento. Allí permanecieron durante dieciséis horas sin dormir y prácticamente sin comer hasta que la nueva máquina funcionó correctamente. Aunque exponía a sus hombres a duras jornadas de trabajo, él trabajaba aún más, y de esa manera conseguía el respeto de los demás. Su forma de ser divertía a sus trabajadores. En los momentos en los que se sentía agobiado por un trabajo urgente, hacía apuestas con los obreros y, cuando conseguía los objetivos, daba el día libre a sus trabajadores. Edison tenía muy claro que para inventar había que trabajar duro:

El genio es un uno por ciento de inspiración y un noventa y nueve por ciento de transpiración. Por consiguiente, un genio es simplemente una persona con talento que hace todos sus deberes.

A pesar de dedicarse de lleno a los inventos que le encargaban, no dejaba de lado sus propios experimentos. Contaba con una privilegiada habilidad mental y un gran poder de concentración. Eso le permitía elaborar mentalmente una nueva invención, con todos los detalles, y mantenerla en la memoria durante días hasta aplicarla a la práctica, olvidándose del tiempo, el lugar, e incluso, en ocasiones, de su propia identidad.

Fruto de su incansable trabajo fueron las patentes en 1872 de sus 38 nuevos ingenios y partes mejoradas de los sistemas de telegrafía y otras 25 patentes en 1873.

La abundancia de nuevas invenciones patentadas por Edison le valió una gran reputación profesional en todo el territorio de Estados Unidos, incluso empresas que habían comprado patentes de otros inventores acudían a él para mejorar y confirmar las posibilidades de sus aparatos. El caso más importante de esto último fue la aparición de Edward H. Johnson, quien acudió a Ward Street, para consultar, en nombre de un grupo de inversores, la viabilidad de un telégrafo automático inventado por George D. Little. Edison probó el invento diagnosticando que al emplearse en largas distancias podía ser afectado por interferencias electrostáticas pasando de ser un medio de comunicación rápido a ralentizarse aún más que el antiguo método manual de Morse. Los capitalistas que pensaban explotar el invento de Little habían fundado una compañía, la Authomatic Telegraph Company, que, viendo la capacidad y los logros rápidos de Edison y su equipo, le ofrecieron un contrato, el 24 de abril de 1871. Gracias a este nuevo contrato Edison pudo ampliar las instalaciones de su taller empleando los cuarenta mil dólares de anticipo fundando la compañía Edison & Murray. El resultado de esta ampliación serían los nuevos talleres abiertos en Newark a cuyo frente colocó a Edward H. Johnson, quien colaboraría durante este período en el desarrollo del nuevo telégrafo. A través de Johnson conocemos el método de trabajo que empleó Edison en esa etapa. En primer lugar acumulaba toda la información y documentación de los estudios realizados en Estados Unidos, Inglaterra y Francia, centrándose en buscar los fallos para intentar solucionarlos. Una vez analizada toda la información, realizaba unos bosquejos y maquetas reproduciendo los fallos de sus predecesores y trabajaba sobre éstos de forma experimental hasta conseguir solucionar los problemas y obtener un nuevo invento a raíz de los fracasos de otros.

Amparándose en la legislación sobre patentes, existente en Estados Unidos, Edison podía registrar inventos que, con la base de uno anterior, corrigiera sus defectos y aportase mejoras. Esta ley se creó pensando que de esta manera se fomentaba la investigación práctica y el rápido desarrollo científico.

Las investigaciones de Edison sobre el nuevo telégrafo de alta velocidad, dieron finalmente su fruto en el invierno de 1872, cuando logró la transmisión, entre Nueva York y Filadelfia, de mil palabras por minuto empleando el Código Morse. La velocidad que se había alcanzado hasta ese momento era de doscientas palabras por minuto, por lo que el considerable aumento de velocidad de transmisión supuso un gran logro para el joven inventor. Todas estas mejoras sobre el aparato de Little fueron patentadas y cedidas a

George Harrington, director de la Authomatic Telegraph Company.

El carácter innovador de Edison le impelía a seguir investigando en la misma línea. Durante sus experimentos sobre el telégrafo de alta velocidad, había tomado notas de sus futuros fallos, dándose cuenta de que al transmitir mil palabras por minuto debía inventarse la forma de poder recibirlas a la misma velocidad. Esto era imposible con los receptores semiautomáticos existentes y se concentró en la invención de un aparato receptor totalmente automático, que recogiera los mensajes en caracteres romanos y no en Código Morse. Un año después de su anterior invento conseguía la decodificación automática del Morse adaptando un cilindro mecánico a la maquinaria de una máquina de escribir para que imprimiese las letras sobre cinta de papel. Para asegurarse de la eficacia de su nuevo invento experimentó durante ciento veinte noches consecutivas, entre Nueva York y Washington dándose cuenta de que, con el empleo de los viejos cables telegráficos, su nuevo receptor automático podría sufrir interferencias, por lo que, para evitarlas, creó el cable compuesto, fabricado en acero y rodeado de cobre, que eliminó todo tipo de interferencias.

A finales de 1871, conoció a la joven de dieciséis años, Mary Stilwell. Existen muchas versiones acerca de cómo se conocieron. La versión más fiable, sostiene que Edison conoció a la joven Mary, cuando ésta y su hermana mayor se refugiaban en la puerta del taller de Edison de la fuerte lluvia que estaba cayendo. Mary y su hermana Alicia eran de familia humilde pero respetable. Las dos hermanas trabajaban como maestras en la escuela dominical de Newark. Edison ofreció a Mary un puesto de trabajo para hacer las perforaciones con un punzón en la cinta telegráfica. A pesar de la desaprobación de los padres de ella, quienes pensaban que debían esperar un tiempo antes de casarse, el día de Navidad, de 1871 se casaron. Años después, Edison reconoció que su sordera le permitió tomar confianza con la joven, ya que se tenía que acercar a ella para poder oírla, hecho éste que no hubiera sido posible ya que su timidez le impedía intimar con las personas.

Incluso en mi noviazgo, mi sordera representó una ayuda. En primer lugar, eso me daba ocasión de estar un poco más arrimado a ella de lo que debía haberme permitido... para poder oír lo que ella decía. Si no hubiera tenido algo que me ayudara a vencer mi natural timidez, me habrían faltado ánimos. Y cuando las cosas ya fueron bien me pareció completamente innecesario oír.

Incluso en este breve paréntesis alejado de su trabajo, tenía en mente sus experimentos. El mismo día de la boda recordó los indicadores de cotización defectuosos, por lo que dejó a su recién esposa en su nueva casa de Wright Street y se fue al taller a trabajar hasta medianoche. Su socio Murray, sorprendido, le preguntó qué hacía allí y le recordó que se acababa de casar, así que Edison, de vuelta a la realidad, regresó a su casa.

Al día siguiente de la boda se fueron de luna de miel a las cataratas del Niágara. Poco tiempo después, en 1872, tuvieron una hija, llamada Marion, a quien en honor del telégrafo le apodaron *Dot*. En el mes de enero de 1876 nació el segundo hijo, Thomas, a quien, siguiendo el mismo criterio de nominación que su primera hija, le llamaron *Dash*. Por último, en 1878 tuvieron su tercer hijo al que llamaron William Leslie.

Era de destacar la actitud paciente y positiva que demostró la joven esposa de Edison, Mary, quien supo adaptarse perfectamente a la especial situación familiar, dada la profunda dedicación de su esposo al trabajo y el escaso tiempo entregado a su familia. No obstante, Mary Stilwell era consciente de la importancia del trabajo que realizaba su marido. Para ella su trabajo era siempre lo primero, y por eso decidió encargarse ella sola de su familia evitando que su marido tuviera preocupaciones de tipo doméstico. Hacia 1871, la Automatic Telegraph Company, comenzó unas negociaciones con el

Ministerio de Correos británico, con el fin de venderles los derechos de invención de Edison sobre el telégrafo automático de alta velocidad. Para ello, Edison tenía que viajar a Londres y hacer la demostración del buen funcionamiento del aparato. Así que el 29 de abril de 1873, Edison, habiéndose despedido de su familia y cargado de baúles llenos de herramientas, se embarcó en Nueva York, en un velero con rumbo a Londres. Una vez en Inglaterra, la primera prueba que tuvo que hacer para demostrar el funcionamiento del aparato, fue comunicar Londres con Liverpool, para lo cual le dieron cables usados y baterías de arena. Edison, valiéndose de sus contactos, pidió al coronel George Gourad, representante en Londres de la Automatic Telegraph Company, material más condicionado que el que le habían proporcionado; le consiguió una batería potente y cien pilas. De este modo, Edison consiguió transmitir mensajes a gran velocidad desde Liverpool a Londres donde se situaba la central de Telegraph Street.

El siguiente paso era demostrar a los ingleses que podía transmitir mensajes a través de un cable de doscientas millas. Este cable lo tenían almacenado cerca de los muelles de Greenwich. Lo que pretendían los ingleses era comunicar, a través de cable submarino, Londres con Brasil. Edison puso manos a la obra. El primer intento fue un fracaso, ya que esperando como transmisión un pequeño punto, el resultado fue una raya de veintisiete pies de longitud. Pese a la agudeza intuitiva y experimental de Edison, contrastaba su conocimiento profundo en diversas materias con el desconocimiento de temas relacionados con sus investigaciones. Tal era el hecho que le hacía pensar que el cable estirado transmitía de la misma manera que el cable enrollado, cuando la realidad era que éste último perdía eficacia al verse afectado por un fenómeno de autoinducción. A raíz de ese fracaso, el Ministerio de Correos londinense rechazó el invento de Edison y se decidió por otro sistema, considerado por Edison como una variante del instrumento Little-Edison. Edison estaba indignado ya que, además de rechazarle su invento, los ingleses habían adoptado partes del sistema de su aparato, sin pagarle nada.

Una vez de vuelta en Estados Unidos, ninguna empresa tenía interés en invertir en nuevos inventos dada la crisis económica por la que estaban pasando. A pesar de ello, Jay Gould sí que se interesó por el telégrafo de alta velocidad y decidió ponerlo a prueba a través de las líneas de la Atlantic & Pacific Telegraph Company. Se transmitió el mensaje de nueve mil palabras del Presidente de los Estados Unidos, con una duración de una hora y dos minutos. Pero al final, este sistema acabó siendo abandonado después de dos años de uso. Edison estaba desconcertado, no sólo por el abandono de su invento sino porque no podía comprender cómo todo un país se movía al ritmo de Jay Gould. Éste impuso el uso de la transmisión manual durante varias décadas. Todo el trabajo de Edison, de tres años de dedicación al telégrafo automático de alta velocidad, habían sido como papel mojado, ya que no recibió, después de la negativa experiencia en Londres, remuneración alguna por tal invento. La economía del país la movían las compañías del telégrafo y las del ferrocarril. De sus negociaciones y no de la necesidad real, dependía que se usaran unos inventos u otros. En estas circunstancias se encontraba Edison cuando volvió de Londres. Además, se encontró a su joven esposa desesperada por la presión de las deudas. Gracias a la ayuda de su incondicional socio Murray, quien le prestó dinero, pudo hacer frente a algunas deudas, a la vez que otras las iba pagando poco a poco.

Estos problemas económicos venían siendo arrastrados fruto de las especiales manías que Edison tenía para con sus socios. En 1871, Edison formaba sociedad con tres inversores diferentes: Harrington, Unger y Murray. Alegando falta de sinceridad en sus relaciones y pensando que se aprovechaban decidió disolver sus vínculos con los dos primeros aun a costa de tener que pagarles fuertes indemnizaciones que incrementaron sus deudas. El estado de sus finanzas se vería arrastrado al tener que firmarles pagarés de hasta tres años de vencimiento a sus antiguos socios. Para salir de su crisis económica, que se produjo en el contexto de una general en Estados Unidos, tuvo que recurrir a dos métodos para ingresar dinero. En primer lugar, tuvo que tragarse su orgullo y reorganizar su sociedad con Harrington quien aceptó perdonar la deuda contraída hacia él por Edison. El segundo método fue concentrarse en la fabricación de lo que él mismo llamó inventos menores. Estos consistían en pequeños utensilios que sirvieran en el ámbito doméstico a diferencia de sus grandes proyectos destinados al consumo de la industria más potente. De entre estos inventos menores, destacan dos por su especial éxito: El sistema de cajas y la pluma eléctrica. El primero consistía en un pequeño telégrafo conectado a una central. Éste se instalaba en los domicilios particulares y mediante un sistema de códigos se cursaba aviso a la policía, bomberos, médicos, etc. Fue comercializado con la Domestic Telegraph Company a la que se le considera la pionera de los sistemas de alarma con aviso. El segundo de estos inventos menores fue la pluma eléctrica que permitía elaborar copias automáticas de los documentos, al perforar un papel colocado en un cilindro que se usaba como rodillo de multicopista. Su éxito fue tal que un año después de su comercialización se habían vendido 60.000 unidades y todo ello pese a su elevado coste, puesto que la pluma costaba ocho dólares, la batería eléctrica cinco dólares y el rodillo, que sólo tenía un uso, tres dólares. Afortunadamente para Edison este invento se demostró muy útil en la administración pública que le hizo un pedido de cerca de cien mil unidades. Un año más tarde, mejoró este invento creando así una copiadora automática muy sencilla, que llamó mimeógrafo. Este invento lo vendió por muy poco dinero a un comerciante de Chicago, A.B. Dick, quien se hizo con una auténtica fortuna al comercializar este aparato llegando, incluso, a crear una de las empresas más importantes de América encargadas en la venta de utillaje para oficinas.

Pese a la premura económica que padecía Edison, no abandonó nunca sus investigaciones para lograr el telégrafo dúplex. Pensaba que solamente con éste se obtendrían los medios de comunicación rápidos y potentes que demandaba la moderna industria Norteamericana. Por desgracia para Edison, lo mismo pensaban Wheatstone y Kelvin, en Inglaterra, Siemens, en Alemania y Stearns en Estados Unidos. La única compañía Norteamericana interesada en el nuevo sistema de transmisión de datos era la Western Union a cuya presidencia había llegado el puritano William Orton, que pronto se había granjeado el apoyo de la clase política gracias a sus sobornos encubiertos consistentes en el regalo de portes gratuitos telegráficos a cambio de favores políticos.

La Western Union había comprado el modelo de telégrafo dúplex de Stearns, más barato que el modelo de Edison. La reducción de costes de éste había rebajado la calidad de las transmisiones y en 1873 prácticamente no se usaba el telégrafo adquirido dos años antes. En este contexto aparece nuevamente Edison, que, al tanto de la situación, se reunió con Orton para proponerle burlar el sistema de patentes y corregir los fallos que tenía el telégrafo dúplex en uso. Orton le propuso comprar todos los inventos relacionados con estas mejoras, siempre y cuando Edison se hiciera responsable de cualquier problema y reclamación de las patentes. El desenlace de esta negociación fue la firma de un contrato en exclusiva que ligaba a Edison con la Western Union para la mejora del sistema telegráfico.

Edison necesitaba, para cumplir con su contrato con la Western Union, lograr un sistema dúplex que se diferenciara claramente del de Stearns. Para ello, consultó con Orton si era útil un dúplex que enviase dos mensajes en la misma dirección simultáneamente. La respuesta fue afirmativa, puesto que la necesidad de comunicación siempre era más abundante en un sentido que en otro, o como dijo Orton:

Como ocurre con los tranvías, todo el mundo necesita ir a la parte baja de la ciudad por las mañanas y a la parte alta por las noches.

Esta pregunta de Edison llevaba una doble intención ya que realmente su investigación, totalmente secreta, se centraba en convertir en dúplex no sólo las líneas de transmisión, sino también los mismos transmisores de manera que pudieran circular simultáneamente hasta ocho mensajes por un mismo cable, cuatro en cada sentido, entonces se llamaría el telégrafo cuádruplex. Todas estas investigaciones tuvieron que ser postergadas cuando Edison emprendió su viaje a Inglaterra en abril de 1873. Como ya hemos visto, a la vuelta de su fallido viaje de negocios a Inglaterra, la situación económica de la familia Edison era muy precaria.

Superada la crisis económica de 1873, 1874 se convirtió en el año de la guerra telegráfica. Hasta ese momento, la Western Union de Orton había monopolizado el negocio de la telegrafía en Estados Unidos y solamente tenía pequeños rivales a nivel local. Jay Gould, a quien se consideraba arruinado después de la crisis de 1873, había diseñado un ambicioso plan valiéndose de una de estas pequeñas compañías, la Automatic Company a la que puso al servicio de la Atlantic & Pacific Telegraph Company, de manera que su nombre no apareciera en manejos poco ortodoxos para debilitar económicamente a la Western Union. Pretendía servirse de la línea ferroviaria Kansas and Pacific para introducir líneas telegráficas y comprar el mayor número de periódicos locales a lo largo del trayecto de sus líneas férreas. De esta manera controlaría todo el sistema de comunicaciones de la costa pacífica eliminando la competencia de la Western Union en la mitad Oeste de Estados Unidos. La primera batalla de la guerra telegráfica tuvo lugar a principios de 1874 y estuvo protagonizada por la Western Union y la Automatic Telegraph Company. El objetivo era transmitir un mensaje del presidente Grant, de 11.130 palabras lo más rápidamente posible. La Automatic Telegraph Company, empleó el nuevo telégrafo automático impresor de Edison y la Western Union un sistema tradicional de transmisión y recepción manual. La transmisión de datos debía realizarse entre Washington y Nueva York. La Automatic utilizó un solo telegrafista desde Nueva York, Ed Johnson, que necesitó a diez empleados para perforar la cinta de papel con el mensaje. La recepción del mensaje correspondió a dos operadores de Morse que necesitaron trece copistas para transcribir el mensaje. La transmisión se logró en un tiempo record de una hora y nueve minutos. La Western Union compitió con medios manuales tradicionales pero multiplicando las líneas colocando ocho empleados en Washington y otros ocho en Nueva York y empleando también un minuto más que el sistema automático de Edison. Con esta competición quedaba claro que el invento de Edison debía ser mejorado ya que el escaso margen de tiempo que se ganaba no justificaba el empleo de diez trabajadores más en el proceso.

Tras el fracaso relativo del experimento, los primeros meses de 1874 fueron empleados por Edison en intentar convencer a Orton de la necesidad de seguir con la investigación sobre el sistema cuádruplex cancelado un año antes. Ante la falta de interés mostrada por Orton decidió sobornar a Prescott, jefe de los mecánicos de la compañía, ofreciéndole ser coautor del invento, y por lo tanto, un porcentaje sobre los derechos de la patente, si convencía a Orton para que le cediese de nuevo las instalaciones de la Western Union y le concediese la financiación necesaria.

Gracias a Prescott, Orton concedió a Edison financiación y locales para la nueva investigación que se consideraría un éxito en julio de 1874, cuando la combinación del sistema ideado por Stearns y las mejoras de Edison permitió enviar cuatro mensajes simultáneos por el mismo cable, dos en cada sentido, con un total de cuarenta y dos mensajes por hora.

Durante este período Edison cometió el error de trabajar para Orton sin cobrar ningún salario, solamente a cambio de financiación para sus investigaciones. Para sobrevivir, la familia de Edison seguía recibiendo dinero de George Harrington, quien había sido captado en su lucha contra la

Western Union por Jay Gould, y que, enterado del éxito de Edison, ordenó a Harrington que intentase hacerse con la patente del nuevo telégrafo. El 10 de julio, Edison recibía una nota de Harrington con el siguiente texto:

Medianoche. He vuelto esta tarde. Habiéndome enterado de lo que estaba ocurriendo he realizado algunas investigaciones. Le ruego se entreviste conmigo antes de firmar ningún otro documento. Venga al número 80 de Broadway. Confío en poder arreglar las cosas con usted. De momento su funesta decisión ocasiona una pérdida de 100.000 dólares.

El trabajo de Edison para las dos compañías rivales no se debía a la mala voluntad del inventor, sino a la necesidad económica para financiar su investigación más ambiciosa a la vez que mantenía a su familia. De esta manera conseguía que Orton financiase sus proyectos mientras que obtenía la manutención familiar vendiendo inventos menores a Gould a través de Harrington. El problema le llegó cuando Harrington le reclamaba los derechos que tenía su sociedad sobre los inventos nuevos que lograse producir Edison. Además, Harrington había conseguido de Gould la cantidad de 10.000 dólares para levantar la hipoteca que pesaba sobre la casa de la familia Edison. En pago a este préstamo, el magnate de la Automatic Telegraph Company solicitaba que Edison le cediera la patente del transmisor cuádruplex.

La guerra emprendida entre Gould y Orton no sólo se centró en la obtención de las patentes de Edison sino que se multiplicaron por medio de pleitos, denuncias y reclamaciones en torno a las patentes utilizadas por ambas compañías. A finales de verano de 1874, Gould recibió un duro golpe de la Western Union porque estaba utilizando el repetidor de Page, cuya patente estaba en manos de la compañía de Orton, sin pagar los derechos correspondientes. El método de Page era el único que existía para elevar la tensión en las líneas telegráficas a larga distancia y sin él la compañía de Gould dejaría de existir. El fallo judicial sentenció que Gould no podría utilizar estos repetidores durante diecisiete años lo que significaría que Gould perdía toda opción de competir con Orton. Mientras que se recurría la sentencia, los agentes de Gould acudieron a Edison prometiéndole una suma importante de dinero si lograba en pocos meses un invento que sustituyera al repetidor de Page. Edison aceptó porque dos años antes había descubierto un sistema mejor al de Page y su venta a Gould le salvaría de la ruina. Lo que hizo fue cambiar el imán del repetidor de Page por una pieza de yeso cilíndrica que rotaba gracias a un pequeño motor eléctrico y que tenía en uno de sus extremos un índice metálico que hacía las veces de resonador. La mejora del invento era suficiente para no considerarlo bajo patente de Page salvando la situación en que se encontraba Gould. La única recompensa económica que obtuvo Edison fueron los 10.000 dólares que levantaban la hipoteca de su casa.

Su desilusión le llevó a concentrarse en las investigaciones que venía realizando para la Western Union ya que el cuádruplex transmisor estaba casi listo para entrar en funcionamiento. Orton, conocedor de las necesidades económicas de Edison, retrasaba el cierre del trato para intentar abaratar el pago de la patente. Finalmente, Edison logró un adelanto de 5.000 dólares que sólo le servían para solucionar sus deudas a corto plazo, mientras elaboraba la siguiente propuesta: 25.000 dólares a repartir entre Prescott y él, un tanto por ciento por el uso de cada uno de los instrumentos cuádruplex y un pago único final de 25.000 dólares. Total, 100.000 dólares para repartir al 50% entre Prescott y Edison. Sin contestar a la carta, Orton salió a un largo viaje.

Para solucionar sus problemas económicos Edison acude al inspector general de la Western Union, el general T.T. Eckert, quien se encontraba enemistado con Orton. Eckert le informó de la intención de Orton de no pagarle ni un centavo más pero que le podía poner en contacto con quien le compraría su invento. A los pocos días circulaba la noticia por Wall Street de que Edison se había pasado con todos sus inventos al servicio de Jay Gould y la Atlantic and Pacific Telegraph Company. Cuando Orton llegó en enero de 1875 los indicadores de las cotizaciones de la Western Union habían descendido hasta un mínimo histórico. Los rumores, que Edison no se molestó en desmentir, eran falsos ya que Edison no firmaría con Gould hasta varios meses después, cuando Eckert apareció sin avisar por el taller de Edison en Newark, donde el inventor se había llevado todos sus materiales del local de la Western Union, acompañado por Gould en persona quien le ofreció a Edison la suma de 30.000 dólares por su patente. Al día siguiente Edison fue a recoger un cheque por esa cantidad y se le dijo que estaba cobrando el valor íntegro del vapor Plymouth Rock que Gould acababa de vender por esa cantidad. A la vez, Eckert dimitía de su cargo en la Western Union para convertirse en el nuevo presidente de la Atlantic and Pacific de Gould. Gould había sido informado por Edison de que compartía los derechos de la patente con Prescott y recibió la promesa de que los abogados se encargarían de anular la trampa tendida al inventor. Para conseguir la venta de la parte de Prescott, Gould amenazó a Orton con convertirse en socios para la explotación de la patente. Sólo una cosa atemorizaba más al presidente de la Western Union que tener a Gould como enemigo, era tenerle como socio, por eso accedió a venderle la parte de la patente por la misma cantidad que había pagado a Edison.

La respuesta de Orton fue denunciar la cesión de derechos de la patente hecha por Edison a favor de Gould. La decisión del tribunal fue cancelar, en la sesión preliminar, los derechos comprados por Gould. Antes de empezar el juicio, Edison envió una carta al tribunal explicando que él había rescindido su contrato con la Western Union pasando a ser nuevamente un inventor libre y como tal, con pleno derecho sobre sus patentes para venderlas a quien estimase oportuno. Su decisión de vender los derechos al grupo de Gould venía motivada por la falta de consideración demostrada por Orton al retrasar sistemáticamente durante tres años el pago de sus servicios. Además defendía que Orton se había valido de Prescott para forzarle a trabajar para él y consideraba que se había manipulado su voluntad.

El juicio se desarrolló durante 1875 y fue especialmente cruel para Edison. Los abogados de la Western Union le acusaron de inventor bellaco ya que sostenían que se había portado de manera desconsiderada hacia sus patronos y había vendido la misma patente a varias personas a la vez. La defensa, realizada por los abogados de Gould, no le dejaba mejor parado al decir que la Western Union se había aprovechado de Edison, que como un tonto, había vendido su patente muy por debajo de su precio.

¿Por qué los dos grupos de comunicación más importantes de los Estados Unidos emprenden un proceso judicial, conocido como batalla telegráfica, que duró casi siete años, centrándose solamente en la obtención del invento desarrollado por Edison? Ambos magnates de las comunicaciones pretendían monopolizar el sistema de telégrafos en Estados Unidos. Para ello debían mejorar la oferta del contrario aumentando la velocidad de transmisión de datos a la vez que reducían los costes del servicio. Si había algo en lo que estaban de acuerdo los dos magnates era que el invento de Edison cumplía con los requisitos necesarios para acabar con la competencia. Se trataba del invento más importante desarrollado en el campo de las telecomunicaciones hasta ese momento, llegando a ser considerado como la obra maestra del joven inventor. La relevancia de esta creación residía en que, por un lado, se conseguía, por primera vez, trabajar con la electricidad aplicada, lo que finalizaba el trabajo de investigación que habían estado realizando, años antes, otros inventores en Europa, y por otro lado, resultaba altamente beneficioso para las grandes empresas ya que se lograba duplicar el envío de mensajes. La evidencia lo demostró cuando se instaló el telégrafo en las líneas de la Western Union, en 1876, consiguiéndose unos beneficios económicos desde unos 500.000 dólares anuales, en progresivo aumento los siguientes años hasta llegar a alcanzar los 20 millones de beneficio 30 años después.

La guerra telegráfica pronto se decantó del lado de Gould, en gran medida gracias al nuevo sistema de transmisión ideado por Edison: el cuádruplex. La ambición desmesurada de Gould por controlar de forma monopolística las grandes líneas telegráficas de Estados Unidos, reflejaban claramente el talante egoísta, que le hacía capaz de incumplir cualquier pago por el mero hecho de aumentar sus beneficios. Esta cuestión no tardó en implicar a Thomas A. Edison, quien había recibido una generosa oferta a cambio de trabajar en exclusiva para su compañía de telégrafos: por un lado el 11% de los beneficios obtenidos por la Automatic Telegraph gracias a su invento y por otro lado un sueldo fijo que iría aparejado a su nuevo cargo de jefe electricista. En aquellas circunstancias, Edison volvía a demostrar que lo más importante para él era la posibilidad de desarrollar sus inventos ya que pese a no recibir sus honorarios durante dos años permaneció trabajando para Gould. Dada su necesidad económica envió a Gould una carta a modo de ultimátum en la que le reclamaba las cantidades adeudadas o de lo contrario se vería obligado a volver a trabajar para la competencia de la que había recibido, nuevamente, ofertas.

Poco después junto a otros accionistas de la compañía Automatic Telegraph que se encontraban en la misma situación de impago que él, presentó una denuncia contra Jay Gould. El proceso judicial fue demorado por los abogados de éste y de sus sucesores y no obtuvo sentencia hasta el año 1906, cuando un tribunal federal falló a favor de los demandantes y designó a un árbitro para que estableciera cuál debía ser la indemnización quedando fijada la irrisoria cantidad de un dólar.

La relación mantenida entre Gould y Edison quedó plasmada en algunas anotaciones realizadas por éste último en sus memorias dónde describió al magnate como un persona extraña que presentaba ciertos caracteres de locura, bien relacionado entre la alta sociedad y preocupado solamente por la obtención rápida de dinero. Sin embargo, la última referencia que hizo del magnate fue: *yo no le guardaba rencor, porque era muy inteligente.*

Tras los incidentes ocurridos en torno a la aparición del sistema telegráfico cuádruplex, Edison se dio cuenta de que no podía hacer nuevas aportaciones en el mismo campo de investigación y decidió encaminar sus nuevos proyectos hacia otras facetas menos trabajadas, y así lo manifestó: *Cuando Gould entró en la Western Union, me di cuenta de que no era posible hacer más progresos en la telegrafía y busqué otros derroteros.* Los nuevos campos que llamaron su atención fueron la electricidad, sobre la cual investigó, intentando crear un nuevo arco voltaico eléctrico basado en los filamentos de carbono, y la telegrafía acústica, campo en el que estuvo financiado por la Western Union, y en el que se encontró con destacados competidores como Elisha Gray y Alexander Graham Bell. Todos ellos intentaban usar un cable telegráfico para transmitir vibraciones sonoras a larga distancia.

A raíz de esta última investigación, mientras realizaba un experimento con un imán vibrador y una barra de acero, observó cómo el centro del imán desprendía unos chispazos que él calificó como de fenómeno no eléctrico. Dedujo tal cosa al observar mediante la aplicación del electroscopio que no se medía una corriente eléctrica con fuerza suficiente como para desencadenar los chispazos. Hoy en día se sabe que lo que Edison consiguió fueron oscilaciones electromagnéticas muy rápidas que por su gran velocidad no podían ser medidas por los viejos electroscopios. Como no era capaz de descifrar la fuente del chispazo concluyó que se debía a la acción de una fuerza etérea. Su falta de preocupación por la investigación científica pura era la causa de que desconociera que tales efectos habían sido descritos anteriormente por Joseph Henry o el mismo Faraday y que otro teórico, James Clark Maxwell, había teorizado sobre ellos en 1863.

Planta eléctrica de Edison.

La prensa de Nueva York hizo público el descubrimiento de las fuerzas etéreas descritas por Edison, abriéndose un debate sobre tal hallazgo que traspasó las fronteras de Estados Unidos. La revista *Scientific American* dedicó su número de diciembre de 1875 a establecer un debate sobre la teoría de Edison. El inventor fue invitado a pronunciar una conferencia en el Policlinic Club donde realizó una demostración que abrió una agria polémica. La sociedad científica se dividió en defensores y detractores de la fuerza etérea. El físico norteamericano doctor Beard defendió que todas las críticas realizadas contra el hallazgo eran fruto de la ignorancia, a lo que respondieron los profesores de ciencia física de la Universidad de Filadelfia, Thomson y Huston, presentando la forma de neutralizar los chispazos por medio de unos resonadores que se empleaban habitualmente para controlar los conductores eléctricos, deduciéndose, por lo tanto, que eran fruto de la actividad eléctrica y no un nuevo tipo de fuerza descubierta por quienes ellos consideraban como un advenedizo al mundo de la ciencia. El mismo debate se reprodujo en Londres donde, como recuerda Sir Oliver Lodge, pionero en las investigaciones sobre la radiofrecuencia, una reunión científica que tuvo lugar en junio de 1876 se vio monopolizada por la discusión sobre el origen de la fuerza etérea descubierta por Edison.

De la disputa provocada por Edison se pueden extraer dos importantes repercusiones que tuvieron para el inventor. La primera sería el rechazo hacia los profesores universitarios a los que despreciaba por su elucubración teórica sin base práctica. La segunda, que decidió abandonar los experimentos complicados para centrarse en aquellas cuestiones que pudieran aportar un beneficio práctico a corto plazo. Para cumplir esta última decisión decidió mudarse y buscar una zona rural tranquila en la que poder dedicarse al desarrollo de su actividad como inventor. El lugar elegido sería la pequeña aldea de Menlo Park en Nueva Jersey.

II. MENLO PARK (NUEVA JERSEY) 1876 Y LA LÁMPARA DE INCANDESCENCIA (1879)

En la primavera de 1876, con la economía ligeramente recuperada, compró Edison unos terrenos situados en una pequeña población de Nueva Jersey, llamada Menlo Park, a 25 millas de la ciudad de Nueva York. Allí, un grupo de obreros, bajo las órdenes de Sam Edison, padre del inventor, comenzaban unas obras reconstruyendo un amplio granero para convertirlo en un laboratorio de investigación, una especie de factoría para invenciones de toda clase. Se trataba de desarrollar un centro de investigación experimental en el que todas las edificaciones permitiesen el desarrollo completo de programas prácticos.

La idea de edificar este laboratorio no surgió de la noche a la mañana sino que fue fruto de la necesidad que sentía Edison de aislarse en un lugar propicio a la concentración y a la meditación para dedicarse exclusivamente a sus inventos. Edison había pasado por una época turbulenta caracterizada por problemas de tipo económico; se había visto involucrado en la guerra de los magnates de telégrafo. Además, las instalaciones que poseía en Newark ya no eran las adecuadas, se situaban en una zona llena de ruidos, rodeada de fábricas. Otro de los factores que impulsaron a Edison a aislarse, fue la agobiante persecución de los acreedores en busca de cobrar el dinero que Edison debía por el alquiler de los locales de Newark. Sentía la necesidad de invertir su propio dinero para así no contraer deudas con nadie.

Empezaron a llegar carros llenos de maquinaria. Al poco tiempo llegaron, para instalarse, Thomas Alva Edison con su familia y su inseparable equipo, Batchelor, Kruesi, John Ott y doce hombres más. Comenzaron una nueva etapa que supuso para Edison una de las más creativas y álgidas de toda su trayectoria de inventor.

Este lugar era el ideal para Edison ya que le permitía trabajar en completa tranquilidad en medio del campo y concentrarse plenamente en su objetivo: inventar.

El nuevo laboratorio de Menlo Park supuso un gran invento en sí mismo, ya que hasta el momento no existía ningún lugar destinado exclusivamente a las invenciones. Además, fue lugar de peregrinación de muchos turistas, a los que Edison dedicaba, encantado, su tiempo a enseñarles sus proyectos.

El taller de Edison en Menlo Park constituyó el primer experimento de comunidad científica integral en la que se vivía, se estudiaba y se experimentaba, haciendo que todo fuera parte de un mismo proyecto. Al edificio inicial, construido por Edison en la colina de Menlo Park, se le fue añadiendo una serie de edificios auxiliares. En primer lugar se instaló un taller de maquinaria en el que se construía todo tipo de herramienta necesaria para la elaboración de las prácticas de taller, una biblioteca con abundantes textos científicos, un edificio con un potente horno en el que se realizaba el soplado de vidrio de manera artesanal para la fabricación de las primeras bombillas y un cobertizo donde se almacenaba todo el carbón necesario.

Durante los dos años siguientes fue adquiriendo herramientas que consideraba necesarias para la investigación, por lo que no le importaba invertir gran cantidad de capital en ellas. Así gastó más de 40.000 dólares, en herramientas tales como un galvanómetro de reflexión, varias potentes bobinas de inducción, un equipo fotométrico y un electromotor delicadamente construido. No existía en Estados Unidos ninguna instalación dedicada a la investigación tan completa como la de Edison en Menlo Park. A decir verdad, existían pequeños laboratorios en las universidades y escuelas pero dedicàdos exclusivamente a la enseñanza, como el Massachussets Institute of Technology. Incluso el Smithsonian Institute, creado por Joseph Henry y que representaba uno de los laboratorios más importantes del momento e incluso hoy en día lo sigue siendo, no superaba al de Menlo Park ya que se utilizaba únicamente para investigaciones meramente científicas.

La repercusión social que tuvo la construcción de la fábrica de inventos desembocó en muy diferentes opiniones, siempre manteniendo vivo el conflicto entre la ciencia pura y los inventores prácticos. Joseph Henry renegaba de aquellos que dedicaban su trabajo a la invención práctica con el fin de patentar y obtener beneficios económicos a corto plazo. Para él, lo importante era investigar *para incrementar la suma de los conocimientos humanos.* Pero Edison, a pesar de estas opiniones desfavorables, se sentía orgulloso de su profesión, pues dedicaba sus habilidades científicas a la creación de utensilios para la humanidad. Aunque daba una imagen demasiado frívola, como se podría interpretar al oír sus propias palabras: *cada diez días un invento menor, y algo grande cada seis meses,* no sería justo pensar que Edison se dedicara a sus inventos por una mera cuestión económica, sino que se trataba de una dedicación absoluta y durante toda su vida a la invención, motivado por la necesidad de ofrecer a la humanidad utensilios que le hicieran la vida más cómoda. Alexander Graham Bell era de la misma opinión, en cuanto que mantenía que: *Las preocupaciones y ansiedades de ser inventor, parecen superiores a todo lo que el cuerpo humano puede resistir.*

Pronto la pequeña localidad se vería alborotada por el ir y venir de jóvenes pidiendo empleo en las instalaciones de Edison. Las condiciones de trabajo eran totalmente atípicas ya que ofrecía jornadas laborales inacabables a cambio, tan sólo, de sustento. La mayoría de los aspirantes desertaba al conocer tales condiciones. Sin embargo, los que se quedaron participaron directamente en una de las etapas de mayor capacidad creadora de su maestro. Tal fue el caso de William J. Hammer, quien, a pesar de oír claramente de boca de Edison, durante la entrevista: *Mire, aquí no pagamos nada y trabajamos siempre*, aceptó quedarse. Más tarde representaría una de las figuras más importantes de la industria eléctrica. Los trabajadores se sentían satisfechos con su trabajo además de que Edison les trataba, no como simples obreros, sino como colaboradores. Esta opinión la manifestó, John Ott, que trabajó con Edison durante medio siglo: *me hacía pensar que estaba haciendo algo en colaboración con él. Yo no era un simple obrero. Y además, en aquellos tiempos, esperábamos hacernos ricos con él.*

En poco tiempo, la pequeña población pasó a ser conocida como Edison Village. Casi todo el pequeño pueblo estaba habitado por los técnicos y mecánicos que trabajaban para Edison. Estaban allí para inventar.

La factoría de Menlo Park pronto empezó a desarrollarse en todos los niveles. De la contratación de mecánicos y técnicos, pronto pasó a la de científicos, pese a la falta de confianza que había demostrado anteriormente hacia ellos. El más destacado de estos científicos fue Francis R. Upton, especialista en física y matemáticas, que, en un principio, fue contratado para revisar los números concernientes a los experimentos, por si las pruebas prácticas fallaban, poder hacer rectificaciones científicas. Edison reconocía su utilidad pero siempre se burlaba de sus largas series matemáticas diciendo que nunca había visto a nadie perder tanto tiempo en precisos cálculos matemáticos para llegar a la misma conclusión a la que se accedía por medio de la experimentación.

Con el proyecto de Menlo Park, Edison pasó a convertirse en uno de los principales exponentes del avance tecnológico que se vivió en Estados Unidos entre la guerra de Secesión y la Primera Guerra Mundial. La aparición de este tipo de inventores se hizo necesaria, ya que lograban llegar a los puntos de experimentación que nunca se alcanzaban en los seminarios científicos de las grandes universidades europeas y americanas. Fue una colaboración entre científicos y mecánicos que dio grandes resultados, ya que la mayoría de los prácticos, como Edison, experimentaban en cada uno de sus inventos hasta lograr extraer de él su máxima utilidad. Por eso, las grandes industrias contrataban a este género de inventores para realizar trabajos por encargo, cuando los teóricos científicos no lograban solucionar problemas urgentes. Pronto, la economía se vio beneficiada por las pequeñas o grandes aportaciones de estos géneros, así, economistas como Werner Sombart, dirían que el señor Edison era, tal vez, el ejemplo sobresaliente de un hombre que hizo el negocio de inventarse a sí mismo.

Con la generación de inventores a la que pertenece Edison, se rompió el carácter elitista de los inventores arrastrado desde el s. XVI, que consistía en asociar la invención con el ocio. Hasta entonces, los nobles, con carácter filantrópico, intentaban pasar a la posteridad como genios que habían mejorado las condiciones de vida gracias a sus inventos. No tenían un carácter de continuidad sino que se basaban en intuiciones e ideas puntuales, fruto, más de la inspiración momentánea que del estudio teórico o experimental. La finalidad de estos nobles inventores no era la de hallar un medio de vida que satisficiera sus inquietudes, sino un afán por destacar entre sus iguales. Este concepto cambió radicalmente a partir de las segunda mitad de s. XIX, como una de las consecuencias más significativas del avance traído por la Revolución Industrial. La competencia entre los inventores era considerable como muestra lo ocurrido con la investigación en torno al telégrafo armónico. En 1875, Bell consiguió de Orton el permiso para probarlo en los cables de la Western Union pero, a su llegada a Nueva York, recibió la noticia de que Elisha Gray ya lo había patentado y cedido a esta compañía.

Esta competencia se mostraría más abierta en torno a un posible teléfono hablador que ya se admitía como la nueva posibilidad en el desarrollo de las telecomunicaciones. Tras su fracaso con el telégrafo armónico, Bell concentró sus investigaciones en conseguir desarrollar el teléfono parlante, mientras que la Western Union había contratado a Phelps y a Gray para realizar la misma investigación y Orton, confiando en Edison, le había cedido un detallado informe sobre las investigaciones que Johann Philipp Reis había realizado en 1861 para intentar trasmitir la voz a distancia sirviéndose de un cable.

Alexander Graham Bell (1847-1922) había desarrollado sus trabajos intentando hallar un método para mejorar la comunicación de los sordomudos. Su trabajo, al igual que el de Edison, se fundamentaba en la práctica que realizaba en un colegio que él mismo había fundado para atender a la educación de sordomudos. Gracias al ofrecimiento de la universidad de Boston que le otorgó una cátedra, pudo acceder a los medios necesarios para desarrollar la investigación sobre el teléfono. Conocía en profundidad el mecanismo de transmisión de las vibraciones sonoras porque había investigado para intentar conseguir que su mujer, sordomuda, lograse percibir algún sonido.

Sus investigaciones dieron resultado en 1876 cuando consiguió patentar su primer teléfono. Como ya se ha dicho, en la investigación para el desarrollo del teléfono competían diversos inventores e investigadores que intentaban, todos ellos, ser los primeros en conseguir desarrollar la transmisión del sonido a larga distancia. Por eso no es extraño que, el mismo día en que Bell patentaba sus avances en la materia, uno de sus competidores, Elisha Gray, hiciera lo mismo dando a conocer su trabajo en la misma línea. La coincidencia a la hora de patentar los logros, desembocó en un pleito para obtener los derechos de patente. La sentencia recogía que Bell había presentado la solicitud unas horas antes que Gray, y por lo tanto se veía beneficiado frente al otro; sin embargo, nunca se reconoció en exclusividad los derechos para Bell, por lo que Gray pudo gestionar la venta al igual que su rival. Tras el juicio siempre quedó circulando el rumor de que algún oficial, poco escrupuloso, de la oficina de patentes, había cambiado la hora de registro de la patente para beneficiar a Bell. Sea como fuere, lo interesante de este asunto fue la importancia que tuvo la competencia entre inventores, generando casos extremos, como este, de investigación paralela.

Una vez reconocido el reparto de patente entre Bell y Gray, el primero intentó vender los derechos a la Western Union, pidiendo 100.000 dólares. La negativa de la empresa hizo que se decidiera a crear su propia compañía para rentabilizar su investigación apareciendo así la Bell Telephone Company, en Boston, que lograba la primera transmisión de voz entre Chicago y Nueva York en el año 1892. La Western Union, aprovechándose del reparto de los derechos de patente, fruto del juicio anteriormente mencionado, contrató a Gray y se hizo con sus derechos para explotar el nuevo sistema de comunicación. Para corregir ciertas deficiencias del modelo de Gray, fue contratado Thomas Alva Edison, que colaboraría con la American Speaking Telephone Company, empresa creada por Gray y la Western Union para competir con Bell.

Han pasado a la historia, por lo tanto, Bell y Gray, como los inventores del teléfono. No obstante, dos personas ostentan realmente la invención pero por diversos motivos no llegaron a patentarla. El verdadero inventor del teléfono, cronológicamente, fue Antonio Meucci (1808-1889). Meucci había nacido en Florencia en el seno de una familia pobre y tuvo que emigrar a Estados Unidos con 37 años por sus ideas liberales y republicanas. Desde muy joven había sentido inquietud por el estudio de los fenómenos eléctricos y magnéticos y había trabajado en la relación existente entre éstos y sus posibles aplicaciones. Combinando un imán y una corriente eléctrica, había logrado en 1856, veinte años antes que Bell y Gray, el esquema teórico para la transmisión de sonidos, pero su precaria situación económica, que apenas le permitía subsistir junto a su mujer, le obligó a parar sus investigaciones. Por si fuera poco, un accidente de navegación le obligó a permanecer en cama durante largo tiempo y a parar sus investigaciones. Gracias a la publicidad que obtuvieron Bell y Gray, logró que la empresa Globe Company, le adelantara los fondos para terminar su proyecto y decidió, una vez concluido, demandar a la Bell Company considerándose el verdadero inventor del teléfono. El largo proceso judicial concluyó en 1887 con una sentencia que reconocía los avances teóricos del italiano pero que le negaba la patente por no haber logrado transmitir sonidos con anterioridad a que lo hiciera Bell. Una interpretación generosa de esta sentencia, le convertía en el inventor teórico del teléfono pero le negaba el logro práctico de la transmisión sonora. Dos años más tarde, moría en Nueva York, en las mismas condiciones de pobreza que había vivido durante toda su vida. Meucci permanecería en el olvido hasta que el 28 de mayo de 2002, en Roma, durante la celebración del Meucci Day, las autoridades italianas le reconocerían, póstumamente, como el inventor legítimo del teléfono. Asimismo, el consejero estadounidense, Emil Skodon, también demostró su reconocimiento hacia Meucci y su teléfono diciendo que *es un tributo merecido y durante demasiado tiempo no reconocido.*

El otro inventor que había logrado transmitir ondas sonoras antes de que lo hiciera Bell fue Edison. Una vez que se hicieron públicos los detalles del teléfono de Bell, Edison los comparó con los logros que él había obtenido, dándose cuenta de que ambos eran capaces de transmitir sonidos imperfectos pero con la misma intensidad. Cuestión ésta, de la que no se había percatado con anterioridad dada su deficiencia auditiva y su exceso de celo al querer presentar la patente plenamente desarrollada, como quedó claro en un bosquejo redactado en enero de ese mismo año y que no llegó a presentar en la oficina de patentes al considerarlo poco concluyente. Sin embargo, Edison, dando muestra de su talante generoso, se dio justamente por vencido y no planteó ninguna reivindicación a Bell y a Gray por los derechos sobre la patente.

Tras la invención del teléfono, adjudicada como hemos visto a Alexander Graham Bell, Edison volvería a jugar un papel muy importante en las mejoras técnicas efectuadas en el invento. Como ya ocurriese con el telégrafo, Edison era consciente de las limitaciones de transmisión de información con las características técnicas contenidas en la patente. Volviendo a servirse de la legislación sobre patentes que permitía inscribir como nuevo invento mejoras técnicas sobre otros anteriores, empezó a plantearse la posibilidad de hacer emisiones y recepciones simultáneas de voz. El teléfono, tal y como había sido ideado por Bell, permitía enviar voz y recibir voz pero, mientras que uno de los interlocutores hablaba, el otro debía permanecer callado y contestar sólo cuando el otro hubiera terminado. Igual que con el telégrafo, donde Edison logró la transmisión simultánea de dos mensajes en direcciones opuestas por un mismo tendido, se planteaba la necesidad de simultanear una conversación.

Estos experimentos de Edison coincidían con una nueva negativa de la Western Union a comprar la patente de Bell que, aprovechando la exposición del centenario de Filadelfia, hizo una gran campaña de publicidad que asustó a los directivos de la Western Union. Estos seguían con la idea de que mejorar un invento era más barato que comprar una patente y con tal idea acudieron a la fábrica de Menlo Park, donde

Edison llevaba unos meses haciendo experimentos para mejorar el invento de Bell. A primeros de 1877, Edison contaba ya con la solución a los problemas de interferencias y limitaciones del teléfono. La solución consistía en añadir un transmisor al receptor de Bell para aumentar su potencia creando un circuito cerrado alimentado por una batería. A este invento, que recibió la patente el 27 de abril de 1877, lo bautizó como transmisor telegráfico hablador y lo describía como mucho más perfecto que la máquina de Bell pero aún carente de utilidad práctica. El siguiente objetivo era buscar una sustancia conductora más sensible que la empleada en el modelo anterior. Los siguientes meses puso a trabajar a todos los técnicos de Menlo Park en busca de productos químicos que mejorasen la transmisión. En nueve meses hizo un total de 2.000 experimentos diferentes. La sustancia conductora se encontró por casualidad cuando uno de sus ayudantes rompió un quinqué y realizó una bolita con el hollín almacenado en el cristal. Esta fue empleada por Edison para sustituir la hoja metálica del invento de Bell dándose cuenta de que los gránulos de carbón eran el mejor conductor para el sonido, creando, de esta manera, el primer micrófono de la historia. Edison resume así sus logros en la mejora del teléfono:

Se han hecho muchos perfeccionamientos y cambios en un año, por cuyo motivo he tenido que crear cosas nuevas y vencer muchos puntos oscuros para aplicar mis principios. Además, soy tan sordo que no puedo oír las articulaciones más puras y tengo que valerme de la opinión de los demás. Apenas había trabajado en esto antes de que en Nueva York sintieran la necesidad apremiante del invento. Hice dos o tres pares de aparatos pero no estaban demasiado bien... Esto representaba un retraso. Ahora he acabado otro par que ha estado funcionando dos días sin que se haya producido ningún cambio ni desajuste... Tengo a mis hombres ocupados en hacer un modelo para la Oficina de Patentes, pues es esencial que lo registre allí. Batchelor y yo tenemos que ir a Nueva York para ello, así que, como puede usted ver, estoy ocupadísimo, incluso trabajando 22 horas diarias.

La primera patente inscrita por Edison en el año 1878 fue el botón de hollín de carbón como transmisor telefónico. Tras ello preparó una exhibición para los directores de la Western Union: Orton, Vandervilt y Twombly, sobre una línea de 120 millas de longitud, logrando enviar una conversación hablada íntegra, superando la calidad técnica de las líneas instaladas por Bell, creándose el modelo de teléfono que se usaría durante el siguiente medio siglo.

Si Edison ganaba a Bell la batalla técnica, Bell se imponía claramente en la comercialización de su invento gracias a nuevos capitales aportados por inversores de Boston a su compañía. Esto preocupaba mucho a la Western Union que veía como la Bell Telephone Company empezaba a vender las primeras líneas telefónicas privadas a empresas de comercio gracias a la creación de la primera central telefónica. Para competir con ellos la Western Union fortaleció su entidad asociada, la American Speaking Telephone Company, con un capital de 300.000 dólares, haciéndose con las nuevas patentes de Edison, de Gray y del profesor Dolbear. Se reproducía la guerra telegráfica de unos años antes aplicada ahora al monopolio telefónico. La Western Union empezaba a ganar ventaja a la Bell Telephone Company gracias al descubrimiento de un inventor llamado Emile Berliner que había fabricado un transmisor telefónico de alta calidad. Este inventor de origen alemán había inscrito su transmisor dos semanas antes que Edison, de lo que se valió la compañía de Bell para denunciar a Edison por interferencias en la investigación y mantuvo un juicio hasta el año 1892, cuando un tribunal federal dio la razón a Edison. Desde principios de los 80 se vivió una situación entre las dos empresas rivales, marcadas por la utilización de elementos cuya patente pertenecía a sus rivales. Una situación que definió Edison diciendo que la Western Union plagiaba al receptor de Bell, cosa que éste permitía porque, a su vez, estaba plagiando el transmisor patentado por Edison y cedido a la Western Union.

En la nueva guerra entre compañías emprendida para controlar el monopolio telefónico, se vivió un desenlace poco previsible. La Western Union accedió a retirarse de la lucha por el control de la telefonía y vender sus líneas a la Bell Telephone Company a cambio de una comisión que suponía el 20% de todos los arriendos telefónicos, de las líneas vendidas a la Bell Telephone Company, durante los 17 años siguientes a la firma del acuerdo. Este pacto benefició a las dos compañías y, por extensión, al mismo Edison. La Western Union obtuvo 3.500.000 de dólares en concepto de comisiones, la Bell Telephone Company quedó inmejorablemente colocada para cuando la telefonía se generalizase y Edison recibió 100.000 dólares por los servicios prestados en la mejora del aparato de Bell. Probablemente tuviese mucho peso en la decisión de la Western Union, al retirarse momentáneamente de la lucha, la afirmación de Edison que defendía que quedaban casi 20 años para que la telefonía constituyese un auténtico modelo de comunicación a larga distancia.

Cuando todo parecía solucionado en la lucha por el control de la telefonía en Estados Unidos, el conflicto volvió a repetirse, esta vez en Gran Bretaña. A principio de 1877, Bell había mostrado su teléfono en Inglaterra convenciendo a un grupo de inversores para que se crease una compañía Bell allí. Seis meses después, Edison hacía lo mismo mostrando las mejoras técnicas de su aparato, recibiendo ofertas de inversores que le permitieron crear la Edison Telephone Company of Great Britain, LTD. Las dos compañías intentaron tener la exclusiva de la transmisión por teléfono para la Dirección General de Correos británica. Cuando la lucha por obtener el contrato amenazaba con

*Poste de teléfono y telégrafo en Nueva York, grabado de
la Ilustración Europea y Americana.*

dirimirse en los tribunales, intervino el ilustre abogado británico Sir Richard Webster, quien acabaría siendo presidente del Tribunal Supremo de Inglaterra, facilitando un arreglo pacífico que comentó Edison de la siguiente manera:

En Inglaterra nos divertimos. Ni la gente de la Bell ni nosotros nos sentíamos satisfechos sin perjudicarnos los unos a los otros. Ellos infringían los derechos de mi transmisor y nosotros hacíamos lo mismo con los de su receptor y cada uno procuraba ahogar al otro. Desde luego, no era posible seguir por aquel camino y se llegó a un acuerdo, pero surgió una nueva pugna sobre las condiciones de tal acuerdo. En cierto modo ellos tenían ventaja sobre nosotros. Así pues, no me sorprendió recibir un día un telegrama de nuestro representante en Inglaterra, con la noticia de que la gente de Bell exigía más de la mitad de los beneficios, en el caso de que se llegara a una consolidación y nuestro agente no sabía qué hacer. En seguida le cablegrafié, diciendo: no acepto condiciones de consolidación. Inventaré un nuevo receptor y lo enviaré inmediatamente.

Tres meses después la compañía Edison de Londres recibía un nuevo receptor telefónico que funcionaba mejor que el de Bell, sustituyendo la membrana del diafragma por una varilla de yeso húmedo. A los pocos meses tuvo que enviar una versión corregida porque el primer transmisor mejoraba la dicción pero reducía el volumen del mensaje a enviar. Los nuevos receptores resultaron ser muy útiles y Edison tuvo que enviar a su sobrino Charles, electricista en Menlo Park, a Edward H. Jonson, su principal ayudante y a Charles Batchelor, su mecánico más acreditado, para que empezasen a instalar las líneas telefónicas en Gran Bretaña. Edison contrató a 60 nuevos operarios a quienes llevó a Menlo Park donde les instruyó como operarios de teléfono.

La demostración de los nuevos receptores en Gran Bretaña se llevó a cabo el 15 de marzo de 1879 con una conversación entre el Príncipe de Gales y el Primer Ministro británico, Gladstone. El resultado fue tan positivo que la prensa inglesa describió el receptor de Edison como un logro superior al de Bell.

En la compañía de Edison en Inglaterra, se contrató a personal no cualificado que debía aprender el trabajo sobre la marcha. Uno de estos nuevos empleados fue un joven irlandés de 23 años llamado George Bernard Shaw, quien, años después saltaría a la fama escribiendo *The irrational knot*, inspirándose en la empresa de Edison, y tal vez en el mismo Edison.

El único defecto que tenían los receptores de yeso, cuestión que se había ocultado a los inversores y a la prensa, era su elevado coste de producción. Pero cumplió su objetivo ya que los capitalistas de la Bell Company de Gran Bretaña, viendo el éxito de su rival le ofrecieron un pacto para fusionar las dos compañías convirtiéndose en la United Telephone Company of Great Britain.

La experiencia de Gran Bretaña constituyó la primera aventura empresarial de Edison y le sirvió para mantener una entrada continua de dinero para financiar los experimentos en Menlo Park. A la vez se convertía en el inventor profesional mejor pagado de Norteamérica, así como en el más reputado.

Pero las inquietudes de Edison le hacían cambiar sus objetivos rápidamente. Tras la fusión de las compañías y su éxito comercial en Gran Bretaña no volvería a investigar nada relacionado con la transmisión de voz.

A la edad de 30 años y con una situación económica muy favorable, Edison vivió una de las épocas más felices de su vida. Esto se debía a que, por un lado, gozaba de la popularidad que le había ocasionado el hecho de verse involucrado en tantos procesos judiciales con motivo de sus patentes; por otro lado, tenía el privilegio de encontrarse en un ambiente de tranquilidad y sosiego en Menlo Park. No le llegaron a afectar las cuestiones judiciales a Edison, que le podían haber distraído de su trabajo. Se podría decir que se encontraba en el lugar adecuado y rodeado de la gente adecuada, ya que contaba con la compañía de su familia y sus colaboradores que también eran sus amigos. Además, para Edison el trabajo era un medio para divertirse, llegando incluso a entretener a su familia con algún invento novedoso.

Edison siempre había tenido una gran capacidad de concentración pero fue en ese momento cuando alcanzó los niveles más altos. Esto le permitía controlar perfectamente la gran cantidad de proyectos que tenía en mente ya que los clasificaba en su cerebro de manera excepcional. Cuando quería documentarse sobre algo, se rodeaba de montañas de libros y los leía todos durante largas horas para luego volcar en la práctica lo que había estudiado. Edison sostenía que la acumulación masiva de conocimientos en el cerebro daban lugar a sus invenciones. Esa acumulación de conocimientos y de ideas que se iban almacenando en el cerebro, en muchas ocasiones, le llevaban al descubrimiento de cosas nuevas que no estaba buscando. A este fenómeno de investigación indirecta, por el que se descubría algo nuevo, por pura casualidad, se le conocía con el nombre de *serendipity*. Edison apoyaba esta idea, pero siempre dejaba claro que descubrimiento no debía confundirse con invención:

El descubrimiento no es invención y me disgusta ver confundidas estas dos palabras. El descubrimiento en sí tiene siempre algo de accidente. Un hombre camina por la carretera con intención de tomar el tren. Por el camino, tropieza con algo y ve, incrustado en el polvo, un brazalete de oro. El hombre ha hecho un descubrimiento, no una invención.

El hombre no se había puesto en camino para encontrar el brazalete, pero el valor de su descubrimiento es muy grande.

Por supuesto, y según mantenían tanto científicos como inventores, la oportunidad jugaba un papel muy importante en el campo de los descubrimientos. Tal fue el caso de Newton cuando, por casualidad, descubrió la fuerza de la gravedad. Tal oportunidad se presentaba a gente que estaba preparada. Así Edison, prestaba especial atención a estas «oportunidades» por si pudiera llevarle a alguna invención. En esta misma línea, inventos como la máquina parlante o el fonógrafo fueron fruto de la casualidad.

Edison se había sentido atraído por la posibilidad de la transmisión de sonidos desde mucho antes de su pugna con Bell por la invención del teléfono. Sabía que mediante la combinación de varios diafragmas era posible conseguir su transmisión. Antes de centrarse de lleno en la invención del teléfono se había empapado de los estudios de otros científicos e inventores sobre la posibilidad de almacenamiento de mensajes hablados, como los realizados por Leon Scott en 1857, pero era consciente de la imposibilidad de transmitirlos.

Gracias a estos estudios logró la conversión de las vibraciones producidas por la voz, en fuerza mecánica, por medio de una aguja conectada a un diafragma que vibraba creando un movimiento repetitivo y continuo. Aprovechó este invento para fabricar un juguete para su hija Marion:

Cuando se hablaba en voz alta dentro del embudo se ponía en movimiento una palanca conectada al diafragma, y éste, unido a una rueda dentada con trinquete, imprimía un movimiento de rotación continua a una polea... conectada a una figura de papel que representaba a un hombre cortando madera. Así, cuando alguien hablaba en voz alta, el hombre empezaba a cortar madera.

Tras la experiencia del juguete movido por impulsos generados por la voz, decidió aplicar esos conocimientos a mejorar el antiguo repetidor telegráfico por estampado. Pretendía repetir las muescas realizadas por un telégrafo tradicional y, de manera mecánica, transcribirlas sin necesidad de emplear a una serie de operarios como venía siendo habitual. Para mejorarlo cambió la cartulina en la que se realizaban las perforaciones por un cartón grueso con una capa de parafina. Posteriormente lo sustituyó por una plancha metálica para que durase más y le añadió un muelle para evitar las vibraciones. Tras los primeros experimentos notó cómo se desprendía un sonido rítmico semejante a una conversación humana. Utilizó los receptores de los teléfonos que estaba comercializando para aumentar el volumen del ruido. Su objetivo no era reproducirlo sino identificarlo para poder eliminarlo. Una de sus constantes en las técnicas de investigación era intentar explicar todos los percances que sufría en la realización de sus experimentos. Gracias a esta forma de ser, logró aislar los sonidos dándose cuenta de que, involuntariamente, lo que había hecho era almacenarlos y reproducirlos.

Preparé rápidamente un aparato e hice correr por él una tira de papel, al tiempo que pronunciaba «hola», luego hice correr otra vez el papel de modo que sus grabaciones movieron la aguja de otro diafragma mientras mi amigo Batchelor y yo escuchábamos, conteniendo el aliento. Pudimos oír un claro sonido que, con una buena dosis de imaginación, podía traducirse por el «hola» que yo había pronunciado. Esto fue suficiente para decidirme a intentar otros experimentos.

El nuevo experimento pretendía ser un aparato que registrase las conversaciones a través de un teléfono. Pero los cuatro meses de investigación que invirtió en su desarrollo, dieron como resultado algo totalmente diferente a lo que en un principio se había planteado. El resultado sería una máquina parlante conocida como fonógrafo. La revista *Scientific American* pronto se hizo eco del nuevo invento que era capaz de registrar la voz humana en un trozo de papel por medios mecánicos, sin necesidad de emplear corriente eléctrica.

Del fonógrafo, Edison comentó que le sorprendía la facilidad con la que lo había logrado fabricar. Cuando hizo la primera demostración pública, muchos de los asistentes pensaron que estaban siendo engañados por un ventrílocuo. En los círculos próximos al inventor se entendía sobradamente esta postura puesto que a pocos les parecía lógico que una máquina tan sencilla lograse reproducir la voz.

Tras la invención, Edison se dio cuenta de que era la primera que había realizado en muchos años por voluntad propia y sin que nadie le encargase llevarla a cabo. Su interés por la investigación había sido tan profundo que no se había parado a pensar qué haría con la patente y con el invento una vez concluido. De esta manera se encontraba con un nuevo aparato alabado por la crítica científica y admirado por la sociedad que ya lo veía como el invento del siglo, pero sin una idea clara sobre la posibilidad de comercializarlo. Pese a esta situación anómala, hasta el momento, en su carrera, fue la invención del fonógrafo lo que le lanzó a la fama en Estados Unidos. Desde ese momento, Menlo Park se vio invadido por admiradores y jóvenes mecánicos que acudían a pedir empleo, o simplemente a conocer a quien ya era considerado como un héroe nacional. También acudían periodistas, dibujantes y estudiantes interesados en dar a conocer al mundo hasta los menores detalles del nuevo invento, del que llegó a decirse que era el principio para cambiar la forma de vida de la sociedad desarrollada.

Rápidamente la fama del fonógrafo empezó a extenderse por todo el mundo haciéndose demostraciones en Inglaterra, Dinamarca e incluso siendo expuesto en la Exposición Internacional de París en 1878. Esto fue la gota que colmó el vaso, puesto que la fama alcanzada por Edison hizo que se conociera a Menlo Park como la Meca de la Ciencia a la que se llegaron a realizar excursiones con guía que acabaron molestando mucho al inventor, a pesar de que en un principio accediera a hacer demostraciones de sus inventos en público.

El fonógrafo llegó a interesar hasta a la Iglesia por lo que hasta Menlo Park se trasladó el obispo John Vincenton, quien inspeccionó todo el laboratorio en busca de trampas e incluso de algún ventrílocuo oculto que, compinchado con Edison, reprodujera los sonidos. Una vez convencido de que no existía trampa alguna, pidió ser grabado para realizar la prueba definitiva. Edison preparó personalmente la solución de parafina y efectuó la grabación de las palabras del obispo que consistieron en la enumeración rápida de nombres propios extraídos del Antiguo Testamento, haciéndolo de tal forma, que nadie pudiera imitar sus palabras. Cuando el fonógrafo le devolvió sus palabras, quedó totalmente convencido de que no existía fraude alguno. Finalmente, Edison sería llamado a la capital de Estados Unidos para hacer una demostración ante el Gobierno. Después fue recibido por Joseph Henry en la Smithosian Institution y finalmente hizo que el fonógrafo se presentase a sí mismo ante un auditorio de científicos repitiendo el mensaje grabado por Edison minutos antes:

El fonógrafo parlante tiene el honor de presentarse ante la Academia Norteamericana de Ciencias.

Edison no desaprovechó la oportunidad de vengarse de Roscoe Conkling, presidente del Partido Republicano en Nueva York, quien durante el litigio con la Western Union había sido el abogado de la empresa y calificó a Edison como pícaro inventor. Cuando presentó el fonógrafo ante el Congreso le hizo recitar una cantinela muy popular que decía:

Había una jovencita que tenía un ricito, precisamente en medio de la frente.

Cuando era buena, lo era mucho, muchísimo, pero cuando era mala también lo era mucho.

Conkling era conocido por su elegancia y por lucir largos cabellos rizados que eran usados por sus enemigos políticos para ironizar sobre él. Cuando el fonógrafo repitió la cancioncilla, la cámara del congreso estalló en una carcajada que consiguió enrojecer al senador que se dio por aludido.

El salto a la fama de Edison no tenía precedentes entre los inventores estadounidenses y, a partir de ese momento, se tomaría el modelo de Thomas Alva como el modelo del americano que se ha hecho a sí mismo gracias a su esfuerzo y su tesón, e incluso se llegó a promulgar un rumor entre las personas menos instruidas que hablaba de una magia otorgada a Edison por alguna fuerza oscura. Desde ese momento en las zonas rurales se conoció a Edison como «el mago de Menlo Park».

Pese a la fama alcanzada, Edison seguía teniendo un problema con su nuevo invento que consistía en la falta de decisión a la hora de comercializarlo y ésto ocurría pese a sus grandes posibilidades. Llegaron a hacerle las propuestas más peregrinas como introducir fonógrafos dentro de las estatuas de los grandes hombres de América para reproducir discursos suyos para el deleite de quienes las contemplaban; otros proponían grabar voces de personas famosas para venderlas tras la muerte de estos; incluso algunos clérigos le encargaron fonógrafos para grabar las homilías y descansar mientras se reproducían.

Ante las dudas de Edison, decidió escribir un artículo y distribuirlo a la prensa con las posibles utilidades de su invento, señalando las diez más importantes:

1. Escritura de cartas y toda clase de dictados sin necesidad de taquígrafos.

2. Libros fonográficos que hablaran a los ciegos sin que ellos hubieran de realizar esfuerzo alguno.

3. Enseñanza por medio de la declamación.

4. Música. Reproducción de composiciones musicales.

5.   *Como recuerdo de familia, conservando las confidencias, las voces y las últimas palabras de los familiares. También se podrán conservar las voces de los personajes célebres.*

6.   *Estuches musicales, juguetes, etc. Una muñeca que pueda hablar, cantar, llorar o reír podrá ser ofrecida a nuestros hijos las próximas navidades.*

7.   *Relojes que pueden anunciar, hablando, las horas del día, avisar a la hora de comer o recordar cuándo hay que ir a casa de la persona amada.*

8.   *Conservación, por medio de la reproducción de los discursos que se pronuncien en la Cámara.*

9.   *Con miras a la enseñanza, registrar las lecciones del maestro a los alumnos para que éstos puedan recurrir a ellas en cualquier momento, o para repetir las lecciones de ortografía.*

10.   *Para perfeccionamiento o adelanto del arte telefónico, utilizando el fonógrafo como instrumento auxiliar de registro permanente.*

Curiosamente la mayoría de estas utilidades se cumplieron en corto plazo. Pero el objetivo oculto de Edison se cumpliría pocos meses después, al recibir la visita de un grupo de capitalistas que financiaron la creación de la Edison Speaking Phonograph Company, entre los que curiosamente se encontraba el suegro de Alexander Graham Bell. Esta nueva compañía recibiría los derechos absolutos de explotación, fabricación y venta del fonógrafo, a cambio de pagar a Edison 10.000 dólares más el 20% de las ventas que se realizasen. Después de haber pasado una etapa repleta de campañas publicitarias y exhibiciones públicas dedicadas al nuevo invento, y con la tranquilidad de estar desahogado económicamente, una vez centrado en el invento, Edison empezó a darse cuenta de los fallos que el fonógrafo tenía y se dedicó a corregirlos. En primer lugar, investigó la forma de mejorar el registrador sustituyendo el cilindro inicial por un disco, alterando también el movimiento del punzón que tuvo que hacerse en espiral. Otra mejora fue la invención de un molde que permitiera reproducir copias en grandes cantidades y a bajo coste. Y finalmente, solucionó el problema que consideraba más grave del primer fonógrafo, la escasa duración de las grabaciones que no podían sobrepasar un minuto.

A finales de 1878 Edison se olvidó por completo del fonógrafo, pese a considerarlo como su invento favorito, porque rondaba en su cabeza una nueva invención que sacaría a la humanidad de la oscuridad.

Una vez finalizada la época de gran actividad social provocada por la fama que supuso la invención del fonógrafo, el estado físico de Edison le estaba jugando una mala pasada ya que le vino de golpe el cansancio que había estado almacenando durante tantos años de trabajo. En ese momento de agotamiento decidió aprovechar la oportunidad que le brindó el profesor George F. Barker invitándole, junto con otros hombres dedicados a la Ciencia, a una excursión a las Montañas Rocosas con motivo de presenciar el eclipse solar que iba a ocurrir aquel verano. Como era de esperar, dada la forma de ser de Edison, no pudo evitar dedicarse a alguna de sus invenciones y fue allí donde puso a prueba uno de sus inventos consistente en un utensilio con el que podía medir, en tiempo, los cambios de temperatura en cada momento. La precisión de tal aparato llegaba al extremo de poder medir una millonésima de un grado Fahrenheit. Días más tarde, cuando lo probó durante el eclipse, no obtuvo los resultados esperados, dándose cuenta de que el invento carecía de la utilidad que había supuesto en un principio. Fue en ese entorno cuando descubrió que, incluso en el lejano Oeste, era famoso por sus inventos. Lo probó el hecho de que uno de los habitantes de Rawlins, el pequeño pueblo donde se habían hospedado, un tal Jack Texas se presentó ante él una noche mientras dormía, para manifestarle la admiración que le profesaba. Durante esas merecidas vacaciones germinaron en la mente de Edison las primeras ideas para conseguir el alumbrado eléctrico. En el transcurso de esas largas vacaciones, que duraron dos meses, hubo tiempo suficiente para conversar con su compañero Barker acerca de estos temas. Barker estaba muy interesado en la luz eléctrica, él tenía algunas nociones del funcionamiento e insistía a Edison para que comenzara a trabajar sobre este tema.

Una vez en Menlo Park, con la mente descansada, se dedicó a estudiar la posibilidad de desarrollar sus ideas sobre la iluminación artificial por medio de la corriente eléctrica. La finalidad que perseguía era sustituir el alumbrado artificial basado en lámparas de arco, ya que éstas no presentaban la posibilidad de ser usadas por los pequeños consumidores que venían utilizando hasta el momento, como sistema de alumbrado, aquellas lámparas de gas o de aceite. Su innovación consistía en conseguir una iluminación más económica y de menor tamaño que la producida por las lámparas de arco voltaico. Con ocasión de la visita que hizo, junto con Barker, a los talleres de Wiliam Wallace, se dio cuenta de los fallos que tenían las lámparas de arco sobre las que tenía intención de trabajar. El conocimiento de dichos fallos le resultó a Edison muy útil ya que le clarificaban las posibles mejoras para subsanar las carencias de este tipo de iluminación. Estimó que era muy elevado el consumo de carbón necesario para el mantenimiento de las lámparas, además de la limitada aplicación que tenían a causa de su gran tamaño.

Vi por primera vez todo el funcionamiento y me di cuenta de que las cosas no habían ido tan lejos como para que a mi no me quedase una oportunidad. Lo que se había hecho hasta entonces nunca tendría un uso práctico. La intensidad de la luz no había sido subdividida para poder aplicarla en las casas. En todas las luces eléctricas conseguidas hasta entonces, la intensidad de la luz era muy grande y la cantidad de unidades muy baja. Volví a casa e hice experimentos durante dos noches sucesivas. Descubrí el secreto, tan sencillo que un limpiabotas podría haberlo comprendido. La idea acudió repentinamente, como el secreto del fonógrafo parlante. Era algo real, no un fantasma... La subdivisión de la luz era posible...

Este afán por conseguir la iluminación artificial ya había ocupado las mentes de muchos hombres dedicados a la Ciencia a lo largo del s. XIX. Se podría considerar como el precursor de ese sistema de alumbrado artificial a Sir Humphrey Davy, quien, en 1808, hizo una demostración ante la Real Sociedad de Londres, que consistía en hacer pasar una fuerte corriente eléctrica, producida por una batería de 2.000 pilas a través de un rodillo de carbón. Éste, al recibir la descarga, se oxidó produciendo una luz blanca azulada, en forma de arco voltaico.

El principal problema con el que se encontraban los científicos era conseguir la fuente de alimentación adecuada para generar luz artificial. Ya hemos visto que Humphry Davy usó una batería compuesta por 2.000 pilas. En 1831 se dio un paso importante cuando Faraday aparece con su dinamo. Esta nueva fuente se basaba en el principio de la electricidad inducida por el que al pasar un conductor a través del campo de un imán la corriente eléctrica era generada. Luego la dinamo fue movida por motores de vapor y se fue mejorando poco a poco, hasta el punto de que en 1860 ya existían faros cuya luz provenía de lámparas de arco voltaico. El gran avance en este campo, hasta que intervino Edison, lo representó, en 1876, Moses G. Farmer, quien presentó tres potentes lámparas de arco voltaico en la Exposición de Filadelfia. Lo novedoso e importante de su aportación fue que las lámparas eran alimentadas por las dinamos que él mismo había creado. Un año después, Paul Jabochkoff, ex-miembro del servicio mecánico del ejército ruso, instalaba en las calles de París un sistema de alumbrado público, con unas bujías eléctricas, creadas por él mismo, usadas como farolas. Los periódicos decían que aquellas lámparas que iluminaban gran parte de la Avenida de la Ópera producían la mejor luz artificial conocida hasta entonces.

Eran muchos los que por aquel entonces trabajaban sobre la posibilidad de comercializar las lámparas de arco. Entre ellos destacaban, en Estados Unidos, Charles F. Brush, Moses Farmer y Wiliam Wallace empleándolas en la iluminación de calles y fábricas, como fue el caso pionero del almacén de Wanamaker en Filadelfia. William Wallace también contribuyó a la búsqueda de fuentes de energía. Éste fue socio de Farmer al construir la primera dinamo norteamericana. Ya había tenido Edison ocasión de ver aquella dinamo de ocho caballos de vapor y algunas lámparas de arco que eran alimentadas por 500 bujías de energía cada una, cuando visitó a Wallace junto con su compañero Barker.

Una vez conocedor de todos los antecedentes de la luz eléctrica, e instigado por Barker y su abogado Lowrey, Edison decidió ponerse manos a la obra. Podemos decir que el nuevo proyecto de Edison constaba de tres partes fundamentales: por un lado estudiar los arcos voltaicos y las lámparas incandescentes; por otro lado, diseñar un circuito eléctrico compuesto por una compleja red de cableado para que, desde una central donde se generara energía eléctrica, ésta fuera distribuida a todas las casas de la ciudad para alimentar pequeñas lámparas que dieran luz mucho más tenue que la luz cegadora de las lámparas de arco que se venían usando desde unos años atrás. Se dio cuenta de las desventajas de éstas, lo que le sirvió para evitar esos errores y cambiarlos por otras soluciones más económicas. Por último necesitaba el apoyo económico suficiente para comercializar el invento, ya que suponía, tal y como estimó él, un elevado coste, por lo que debería ser financiado por grandes inversores. Para ello, contó con la colaboración de su abogado Lowrey, quien se encargó de las negociaciones con los magnates, además de ingeniar un plan para la campaña de publicidad.

Edison demostraba su habilidad tanto para crear inventos, como su ingenio a la hora de proyectar su utilidad práctica en la sociedad, con la finalidad de proporcionar bienestar. Además, su carácter empresarial quedaba de manifiesto ya que pensaba que la cantidad de energía consumida en cada domicilio podía ser medida y cobrada, de manera que los costosos gastos de instalación de toda la red eléctrica fuesen rentables.

A partir de estas premisas empezó a desarrollar minuciosamente los tres proyectos que tenía en mente. Estudiando el funcionamiento de las lámparas de arco, llegó a la conclusión de que venían lastradas por una serie de grandes inconvenientes que afectaban tanto a la salud pública como a la utilidad o al coste de los mismos.

Los principales defectos que reseñó Edison de estas técnicas de iluminación fueron: su gran tamaño, que en gran medida estaban compuestas de 3.000 bujías, lo que provocaba que sólo fueran aptas para grandes espacios abiertos o grandes factorías industriales; al estar compuesto por una campana de cristal abierta y desprender gran cantidad de calor, emanaban muchos gases nocivos para la salud, lo que obligaba a situar estos arcos lo más lejos posible del suelo; necesitaban ser abastecidos por una dinamo que proporcionase un alto amperaje que provocaba inevitablemente una claridad excesiva, lo que llevaba a la necesidad de colocarlos en espacios muy amplios. Por si esto fuera poco, los arcos voltaicos se conectaban en serie a las dinamos, de manera que era imposible controlarlos individualmente y debían funcionar todos ellos a la vez, aumentando el consumo eléctrico considerablemente, cuestión que venía agravada por la imposibilidad de regular la cantidad de luz emitida. Quizá el problema más grave era la necesidad de que el motor de vapor que alimentaba todo el circuito debía encontrarse próximo a la localización de los arcos, imposibilitándose así la creación de una red eléctrica extensa como la que pretendía diseñar Edison.

En cuanto a lo referente a la lámpara incandescente, Edison ya había comenzado sus estudios, hacia 1877, antes de su viaje a las Montañas Rocosas. En un principio resultó complicado el estudio de este tipo de lámpara en cuanto a la dificultad a la hora de encontrar un material que permaneciera incandescente. Tal fue la complicación, que Edison abandonó el trabajo temporalmente aunque luego volviera a retomarlo. A pesar de muchos intentos anteriores por conseguir la correcta aplicación de las lámparas incandescentes, ninguno de los hombres dedicados a ello lo lograron. Así ocurrió con De La Rive, en Francia en 1820, De Moleyns, en 1841 y con el norteamericano J.W. Starr, en 1845, entre otros. Todos ellos utilizaron el sistema de vacío de oxígeno en globos de cristal. También en Inglaterra, Joseph W. Swan hizo pruebas con bombillas en las que introducía conductores de metal y platino. Otro americano, William E. Sawyer, utilizó las varillas de carbón introduciéndolas en vasijas de cristal con gas inerte tal como el nitrógeno. A pesar de todos sus esfuerzos, ninguno de ellos consiguió mantener la luz artificial más de unos instantes.

De esta manera, y dándose cuenta de los errores de los demás, lo primero que Edison necesitaba hacer era encontrar un material adecuado para el filamento y que tuviera la propiedad de mantenerse incandescente sin que se fundiera. Para conseguirlo probó con varios materiales. Usó el carbón, pero pensando que era muy fácil la combustión, lo apartó, tomando un nuevo metal más adecuado, el platino. Al hacer la prueba con un filamento de platino incandescente dentro de la bombilla con el aire extraído, comprobó que con temperatura alta éste se fundía. Por lo que, a base de mejoras para conseguir que el platino no se fundiera, ideó una nueva aplicación que se conocería como la lámpara de corriente alterna, cuya patente solicitó en 1878. Ésta consistía en un sistema que conseguía enfriar el filamento quemador retirando, durante una fracción de segundo, la electricidad del mismo gracias a una varilla de platino, al igual que el filamento, que al alcanzar una temperatura elevada creaba un corto circuito derivando la electricidad y absorbiendo el exceso de calor. Una vez enfriado el filamento la varilla adicional permitía, de nuevo, el paso de la electricidad hasta éste volviendo a cerrar el circuito.

Aparte de la necesidad de encontrar el material adecuado para que el filamento del interior permaneciera incandescente sin fundirse, también tenía que encontrar la forma de vaciar de aire el recipiente de cristal en el que se iba a introducir el mismo.

Además, tenía que averiguar la forma de dividir la corriente eléctrica mediante un circuito múltiple, en serie o en paralelo, por lo que tuvo que calcular un elevado presupuesto, ya que tendría que aumentar el equipo de colaboradores a su cargo, además de adquirir utensilios de trabajo más precisos y, por tanto, muy costosos. También calculó el tiempo que tendría que invertir para lograr sus objetivos.

Las nuevas necesidades para el desarrollo de su proyecto de iluminación le obligaban a disponer de nuevas estancias por lo que decidió ampliar el taller de Menlo Park construyendo tres nuevos edificios: una biblioteca con despachos y zona de recepción, una zona de máquinas en la que instaló dos máquinas de vapor de 80 caballos de potencia cada una y un pequeño taller para el soplado de vidrios donde se encontraban los hornos destinados a la producción de globos para bombillas.

En la biblioteca fue donde Edison pasó largas horas leyendo libros sobre la iluminación del gas y artículos de periódicos que informaban sobre todo lo referente a la industria del gas. Su idea era desarrollar un sistema de suministro eléctrico, que copiase, en la medida de lo posible, la infraestructura que se había construido para el suministro de gas. Los primeros cálculos y estudios los realizó él personalmente, teniendo en cuenta desde el coste de la instalación común, a los costes particulares, la diferencia de posibles consumos en función de la renta per cápita de los habitantes de los diferentes distritos de la ciudad, o los posibles beneficios empresariales. Según contaron sus colaboradores, por primera vez, la mesa de Edison se llenó de planos, bosquejos, gráficas y cuadros con los que planificaba sobre el papel toda la operación a realizar. Esto contrastaba con la forma que había tenido de actuar hasta ese momento, en la que lo importante, para él, era avanzar en la experimentación práctica. Lo que ocurrió fue que se había dado cuenta de que un proyecto tan extenso necesitaba de una serie de cálculos a priori. No se trataba ya de construir un aparato exento, sino de llevar infinidad de aparatos de su invención a los hogares de todos los ciudadanos. Cuando se dio cuenta de que sus conocimientos sobre la materia no llegaban más lejos, completó el estudio gracias a la contratación de un mecánico especializado en trabajos del gas, quien le informó puntualmente de los posibles contratiempos que podría encontrarse en los trabajos de instalación en el ámbito de una ciudad.

Además, nuevo personal cualificado fue contratado para ampliar la plantilla de Menlo Park. Se trataba de técnicos y científicos formados en las universidades más reputadas de Estados Unidos, como era el caso de E. G. Acheson y F. J. Sprague. La especialización a la que estaban llegando los nuevos experimentos de Edison requería personas con alta cualificación que no habían podido ser contratadas hasta ese momento por dos razones fundamentales: en primer lugar, la desconfianza que sentía el inventor hacia los teóricos formados por otros teóricos en las universidades; en segundo lugar, posiblemente más importante, la escasez económica que vivió Edison durante los primeros años de trabajo en el taller de Menlo Park, por lo que solamente el aumento de ingresos por la venta de patentes y la consecución de unos ingresos fijos y en aumento le permitieron contratar a nuevo personal, que no sustituyó al antiguo sino que complementó a éste.

Sus tres grandes proyectos en ese momento eran, como ya hemos visto, la fabricación de la lámpara incandescente, el diseño de una red de suministro eléctrico y la obtención de inversores y recursos económicos suficientes para desarrollar sus planes. En esta línea, su abogado, Grosvenor Lowrey, le incitaba constantemente al progreso y estudio de la materia, ya que vaticinaba importantes beneficios económicos. Por otro lado, iba convenciendo a los grandes empresarios e inversores estadounidenses, aquellos que formaban parte del clan Vanderbilt-Morgan, para que apoyaran económicamente a Edison con el fin de crear lo que más tarde sería la Edison Electric Light Company. Lowrey fue una de las personas que más animó a Edison para que completase los tres proyectos que desarrollaba en torno a la electricidad. Se trataba de un agente de patentes y uno de los más reputados abogados de Nueva York. Como tal, contaba entre su cartera de clientes, con la Western Union y prometió a Edison que si conseguía una fuente de iluminación barata y práctica, él se encargaría de conseguir de sus clientes toda la financiación necesaria para poner en práctica el sistema eléctrico que fuese diseñado. Sin que Edison lo supiera, su abogado había empezado a trabajar en la creación de lo que él llamaba un sindicato de capitalistas que financiaran la investigación. Para convencer a todos ellos, les vendía que el proyecto estaba casi concluido y empleaba una frase ambigua que le fue muy útil: *Edison ha descubierto el medio de darnos una luz eléctrica apropiada para el uso diario, a un precio muy reducido en comparación con el gas*. Daba por sentado que lo único que faltaba era la financiación y que toda la investigación estaba realizada. Sin embargo, lo único que había era un proyecto y aún quedaba mucho trabajo por hacer. No obstante, decidió hacer una campaña publicitaria a gran escala, en la que presentaba, además de la luz eléctrica, la transmisión de fuerza motriz y calor para aplicaciones en la vida cotidiana, como permitir el funcionamiento de un ascensor, o proporcionar calor para cocinar alimentos. La finalidad de esta campaña publicitaria prematura era conseguir entusiasmar al público para abrir la bolsa a los capitalistas. Las consecuencias económicas de esta campaña fueron que las compañías de gas para alumbrado perdieran sus valores hasta un 12%.

Pero continuando con los experimentos, Edison estaba seguro de conseguir en muy poco tiempo la forma de dividir la corriente eléctrica, no obstante todavía no había encontrado los materiales adecuados que hicieran de bujía. Así, haciendo varias pruebas, primero con un filamento de carbón y luego sustituyéndolo por uno de platino, y a pesar de hacer declaraciones informando que necesitaba de mucho tiempo para el perfeccionamiento de la lámpara, hizo su primera demostración usando la dinamo Wallace-Farmer. Haciendo uso de su picaresca, Edison provocó mediante la transmisión de corriente eléctrica una intensa claridad y, tras unos minutos, hizo apagar un interruptor para que la intensa luz cesara, ocultando de esta manera, que aunque no hubiera apagado el interruptor, la luz igualmente se habría apagado debido a la escasa capacidad del filamento de platino de permanecer incandescente durante un tiempo prolongado.

Esta exhibición provocó muchas críticas, entre ellas, la del profesor Silvanus P. Thomson, quien mantenía que el hecho de intentar conseguir la subdivisión de corriente eléctrica mediante un complejo circuito representaba *la más pedante ignorancia de los principios fundamentales tanto de la electricidad como de la dinámica.* A Edison, la explosión que provocó su novedoso hallazgo, las consecuencias bursátiles y las críticas sociales, no le afectaron en absoluto. Ya había decidido dejar todas esas cuestiones en manos de su abogado.

Todo esto tuvo como principal consecuencia que otros inventores se dedicaran de lleno a los experimentos con lámparas de vacío, cuyos filamentos estaban compuestos de carbón. La posible lámpara también contendría en su interior nitrógeno. Los inversores, atemorizados ante el riesgo de que existieran otros inventores capaces de conseguir patentar el invento antes que Edison, sugirieron la posibilidad de comprar aquellas patentes con el fin de monopolizar el mercado. La respuesta de Edison fue contundente, como lo demuestra la carta que escribió al abogado Lowrey su secretario S. L. Griffin:

Menlo Park, 1 de noviembre de 1878

Apreciado señor:
He hablado con el señor Edison de lo referente a la luz eléctrica de Sawyer-Man, sin decirle nada de lo que usted me dijo. Me quedé asombrado de la manera en que el señor Edison recibió mi información. Se mostró visiblemente agitado y dijo que era la vieja historia de siempre: la falta de confianza y que ya le había ocurrido lo mismo con el teléfono y, en realidad, con todas sus invenciones que estaban siendo revalidadas. No quiere que se le hable de consolidaciones ni de trabajos en comandita. No me atrevo a repetir todo lo que dijo, pero me veo obligado a sugerir respetuosamente que se le debe hablar lo menos posible de este asunto. Añadió también que está por ver que exista alguien que haya trabajado o tenga conocimientos de esto, que sea capaz de asegurar que su sistema pueda ser mejorado. Y dijo que de antemano advertía que no tiene miedo a los resultados, porque sabe que lo que él está haciendo es completamente original e inédito.
Tuve buen cuidado de advertirle que por lo que se refería a usted no existía falta de confianza. Será él quien le explique a usted sus puntos de vista, por lo que yo me abstengo de hacerlo ahora.

S. L. GRIFFIN

Por otro lado, a pesar de lo que Edison había pensado en un primer momento, el proyecto estaba resultando mucho más complicado. No obstante, la ponderada intervención de Lowrey como intermediario entre el inventor y los inversores, hizo que todo siguiera un curso tranquilo hasta el mes de abril de 1879 cuando, ante la impaciencia de los inversores capitalistas, Edison no tuvo más remedio que hacer una demostración de su invento. Debido a que Edison no podía trasladarse hasta Nueva York para reunirse con Morgan y compañía, ya que no podía dejar su trabajo, Lowrey hizo que estos fueran a Menlo Park para ver la demostración. Para ello, Edison instaló en Menlo Park una red de corriente eléctrica con el fin de alumbrar todos los lugares del laboratorio con lámparas compuestas por un filamento de platino. Entonces, tal y como relató un testigo, ocurrió lo siguiente:

Todavía parece que estoy viendo adquirir esas lámparas un color rojo cereza como si fueran gusanos de luz, escribió un testigo presencial algún tiempo después. Aún oigo decir al señor Edison: «un poco más, y las lámparas empezarán a iluminar. Un poco más». Entonces una de las lámparas empezó a resplandecer como una estrella. De pronto, se produjo un estallido y la sala de máquinas quedó completamente a oscuras. En el acto nos dimos cuenta de que la lámpara había fallado y Batchelor la sustituyó por una nueva. La operación se repitió dos o tres veces con el mismo resultado. Después los visitantes volvieron a la biblioteca para seguir hablando hasta que llegó la hora de tomar el tren para Nueva York.

Esta demostración supuso un fracaso absoluto. Revisando las posibles causas, Edison y sus colaboradores comprendieron que el platino no era el material adecuado para el filamento ya que se quemaba con facilidad; las dinamos Wallace-Farmer que usaron, todavía no proporcionaban la suficiente energía y habría que perfeccionarlas. Por último, el circuito de la corriente eléctrica estaba dispuesto en serie, por lo que soportaba múltiples dificultades, entre ellas, si una lámpara se fundía, las demás se fundían también. No ocurría lo mismo con el circuito en paralelo, que Edison no pudo

Fonógrafo Edison.

probar debido a que el trabajo de perfeccionamiento no había finalizado. Además, tampoco en esos momentos habían conseguido el vacío perfecto de oxígeno dentro de la lámpara. Como era de esperar, ante este escenario, los prestamistas de Nueva York, se fueron de Menlo Park bastante desanimados y, lo que era peor, desconfiados. Haría falta mucho trabajo de persuasión de Lowrey para conseguir convencerles de que ese proyecto saldría adelante.

Las acciones de la compañía Edison Electric Light disminuyeron a la vez que se recuperaban las acciones de las compañías de gas para alumbrado. Se extendió por todo el país una campaña negativa sobre Edison y sus inventos, aparecían artículos en los diarios más importantes de Nueva York en los que se criticaba fuertemente al joven inventor, situación que a Edison no le afectó en absoluto ya que su único afán era conseguir subsanar los errores, investigar hasta conseguir lo que se proponía. De hecho, nada más irse los socios capitalistas de Nueva York, Edison adoptó una actitud meditabunda durante largas horas. Después, llegó a la conclusión de que el platino le estaba planteando muchos problemas por lo que se hizo una limpieza general en Menlo Park para retirar todo el platino y en ese aspecto, comenzar de cero en busca de un nuevo material de alta resistencia. Lo que Edison inculcaba a sus colaboradores era que había que aprender del fracaso, darse cuenta de los errores y mejorarlos. En todo este momento de desesperación provocado por el fracaso, Edison no mostró desánimo alguno, sino todo lo contrario, dando a sus colaboradores fuertes dosis de aliento y motivación, y cuando conseguían los resultados esperados sobre el proyecto para el que habían estado trabajando, Edison organizaba fiestas en Menlo Park para celebrarlo. Pero también, cuando se encontraban con algún fracaso, éste se lo tomaba con buen humor y sobre todo se mostraba muy persistente en su trabajo dando ejemplo a los demás. Esto lo demuestran sus propias palabras: *El error de la mayoría de los inventores es que prueban aquí y allá un par de veces, y después lo dejan todo. En cambio yo no paro hasta que consigo lo que quiero.* A raíz de ello, Edison se convirtió en una persona estrictamente disciplinada y rigurosa en su forma de trabajar. Se dedicó a estudiar profundamente todo lo relacionado con la energía eléctrica. También convirtió Menlo Park en el laboratorio mejor dotado con los utensilios más específicos y precisos del mercado.

Durante los meses de abril a octubre de 1879, Edison se dedicó a perfeccionar todos y cada uno de los componentes del sistema eléctrico de luz artificial que componían su complicado proyecto. En el mes de octubre Edison y su equipo presentaron una nueva dinamo basada en la de Siemens a la que le aplicaron ciertas mejoras. Lo que Edison quería conseguir con estas mejoras era una dinamo de fuerza continua y con una resistencia interna mucho más baja que las anteriores, que dejaban un bajo porcentaje de fuerza motriz utilizable en el exterior. Esta nueva dinamo Edison-Upton difería de la de Siemens en que se habían empleado otros materiales tales como la mica a modo de aislante entre unas secciones y otras. Por su forma característica, ya que estaba formada por dos columnas verticales, esta dinamo recibió el peculiar nombre de «Mary Ann de amplia cintura». Los resultados que obtuvieron al probarla fueron altamente satisfactorios ya que dio un noventa por cierto de eficacia al convertir la energía mecánica generada por la fuerza de vapor en energía eléctrica.

Al mismo tiempo que mejoraba la dinamo, Edison se dedicó también a perfeccionar el método de vaciado de oxígeno de la bombilla para lo que empleó a un gran número de trabajadores de Menlo Park, que se dedicaron a hacer pruebas con el fin de conseguir el mejor vaciado. En ese momento fue muy importante la presencia en Menlo Park de Ludwig Boehm. Llegó a finales de abril de 1879 contratado por Edison para trabajar como soplador de cristal consiguiendo fabricar a la perfección un globo de cristal, herméticamente cerrado. También consiguieron fabricar una bomba con la que se obtuvo *un vacío de una millonésima parte de atmósfera.* De aquella manera, el problema del vacío quedó resuelto.

Poco a poco iban resolviendo dificultades pero todavía les quedaba trabajar sobre el filamento incandescente. Con motivo del fracaso que tuvo con la demostración de la lámpara, desechó completamente el platino como material incandescente. Para fabricar el filamento adecuado se planteó trabajar sobre varios aspectos: por un lado y después de muchas pruebas, él y su colaborador Upton calcularon que el filamento debía tener un grosor de 0,4 mm de diámetro y una longitud de 15 cm aproximadamente. A base de muchas pruebas, Edison descubrió que el material para el filamento estaba compuesto en una pequeña parte por oxígeno, por lo que para obtener una mayor eficacia en la iluminación debían extraerlo. Probaron con varios materiales para hacer el filamento con carbón, con masa formada por alquitrán y hollín, etc. Por último hicieron un filamento de algodón carbonizado. La bombilla ya estaba preparada para la prueba y estuvo brillando durante cuarenta horas seguidas. Esto ocurrió los días 21 y 22 de octubre de 1879. Un mes más tarde, el 4 de noviembre de 1879, Edison patentaba una nueva bombilla con filamento de papel-cartón cuya duración era de 170 horas.

Las investigaciones realizadas por Edison, para lograr el sistema de distribución eléctrica y la obtención de una bombilla lo suficientemente duradera como para ser rentable, se habían prolongado durante un año y el sindicato de inversores consideraba que los 150.000 dólares invertidos no estaban dando el resultado que esperaban. Lowrey les había prometido grandes beneficios en un plazo corto y ellos consideraban que doce meses era algo más de lo que el abogado les había garantizado. Las investigaciones estuvieron a punto de perder su financiación hasta que en 1880 aparece un nuevo inversor que se hizo socio de la Edison Electric Light Company. Se trataba de Henry Villard, presidente y dueño

100

de la Northern Pacific Railroad, una de las principales compañías ferroviarias de Estados Unidos.

Villard estaba construyendo un nuevo trasatlántico de acero, el *S.S. Columbia,* y acordó con Edison que sufragaría sus investigaciones sobre la conducción y utilidades de la electricidad si el inventor le demostraba que podían ser viables. Para ello debía instalar un circuito eléctrico que alumbrase todo el barco en construcción que tenía 110 m de eslora y un arrastre de 3.200. El equipo eléctrico ideado por Edison consistía en un sistema de alumbrado autónomo abastecido por cuatro dinamos «Mary Ann», que abastecían las 115 lámparas construidas con filamento de papel carbonizado, sustituidas más tarde por otras de filamento de bambú. El éxito fue tan notable que le reportó a Edison no sólo el capital de Villard sino también la confianza y el dinero del antiguo sindicato de inversores, que se convencieron de la necesidad de encargar al mago de Menlo Park un sistema eléctrico de gran tamaño que permitiera su rentabilidad.

La gran prueba del sistema de alumbrado de Edison tuvo lugar en las instalaciones de Menlo Park en los primeros meses del año 1881. Construyó una central eléctrica que abastecía una red de 425 lámparas y lograba que el consumo fuera el mismo que el que se daba en centrales de gas de las mismas dimensiones. Pese a este éxito, sumado al del *S.S. Columbia,* Edison se llevó una nueva desilusión cuando los directivos de la Edison Electric Light Company le comunicaron su intención de no comercializar el invento porque preferían los beneficios a corto plazo que suponía la venta de las patentes obtenidas gracias a sus invenciones. El planteamiento de estos capitalistas era muy conservador, preferían los beneficios inmediatos, aunque escasos, antes que la posibilidad de grandes beneficios a largo plazo que significaban tener que reinvertir más dinero. Esta decisión fue tomada cuando Edison presentó un presupuesto que rondaba los 2 millones de dólares como inicio para la comercialización del suministro eléctrico.

La idea que presentaba Edison en el proyecto planteaba la necesidad de ampliar sus instalaciones para poder asumir la fabricación de todos y cada uno de los componentes de las centrales y circuitos eléctricos. Ya estaba acostumbrado a la escasez de los presupuestos y a los golpes adversos de sus planes cada vez que tenía que relacionarse con grupos de inversores. Por ello, en lugar de echarse atrás, Edison decidió que si no le prestaban el dinero para comercializar su último invento, él mismo construiría la fábrica y comercializaría sus equipos eléctricos. *Si no hay fábricas para la producción de mis inventos, yo mismo las construiré. Como los prestamistas tienen miedo aportaré yo el capital necesario. La solución es: ¡fábricas o muerte!*

Empezó su aventura empresarial arriesgando todos sus ahorros; pronto sus más antiguos colaboradores Johnson, Batchelor y Upton también aportaron los suyos y, aunque la empresa se inició asumiendo unas pérdidas considerables la bombilla tenía un coste de producción de 1,20 dólares y se vendía a 80 centavos en poco tiempo empezaron a construir todas las industrias auxiliares necesarias para abastecerse. La novedad de este período fue que estas nuevas fábricas ya no estaban en Menlo Park sino en la ciudad de Nueva York. El que Edison se decidiera a invertir dinero fuera de Menlo Park debemos interpretarlo como la demostración de que su intención era construir en Nueva York su novedoso sistema de alumbrado público. De lo contrario habría invertido en torno a su fábrica anterior puesto que consolidaría su industria sobre la anteriormente existente.

La primera empresa fundada en Nueva York fue la Edison Machine Works donde se fabricaban todos los accesorios necesarios para la elaboración de las lámparas (fusibles, casquillos, interruptores, cables, ...). Con esta nueva empresa Edison alcanzaba los 300 trabajadores. Poco después, en la misma ciudad, fundaba la Edison Electric Illuminating

Company, que debería encargarse de la comercialización del alumbrado para las calles y las casas de Nueva York.

La capacidad de trabajo de Edison asombró a todos cuando mandó instalar, a la vez que desarrollaba sus nuevas industrias, un tendido ferroviario de 250 m rodeando sus instalaciones de Menlo Park. Allí montó su primer tren eléctrico, una locomotora de 1,8 m de longitud por 1,2 m de ancho que se movía gracias a un motor eléctrico de 11 caballos de potencia. Su socio capitalista, Villard, quedó gratamente sorprendido y encargó a Edison el desarrollo de una locomotora más potente que pudiera sustituir a las antiguas máquinas de vapor. Para que pudiera investigar sin problemas le adelantó unos fondos de 40.000 dólares. A los pocos meses había desarrollado una locomotora eléctrica que alcanzaba los 65 km/h y que, como medida de seguridad novedosa, presentaba unos frenos activados, también, mediante corriente eléctrica.

El desarrollo del ferrocarril eléctrico quedó en suspenso temporalmente por dos causas: la primera fue la negativa de los directivos de la Northern Pacific Railroad que consideraban inviable cambiar sus locomotoras; la segunda fue la quiebra de la compañía tras la destitución de Villard como presidente de la misma.

Edison no volvería a investigar en este campo hasta que se unió a Field, director de la Electric Railway Company of América, para crear una locomotora de tres toneladas de peso que fue presentada en la Feria de Ferrocarriles de Chicago de 1883, causando una grata sensación. Sin embargo, la investigación en este campo quedó suspendida al considerarse más útil la aplicación de los motores eléctricos a otro medio de transporte: los tranvías urbanos.

En el año 1881 Edison tomó una de las decisiones que más le costó, dejar sus talleres de Menlo Park para trasladarse a vivir a Nueva York y poder centrarse en su nuevo sueño de construir el tendido eléctrico que abasteciera a toda la ciudad. A la vez pretendió desarrollar un ambicioso programa propagandístico por toda Europa presentando en diferentes ferias su modelo de iluminación eléctrica autónomo. Para asegurarse el éxito en esta campaña europea mandaba supervisar las instalaciones a sus colaboradores de más confianza, Batchelor y Upton. De esta manera presentó su patente en la exposición de la electricidad de París y a la Feria del Crystal Palace de Londres.

La importancia que dio al proyecto de Nueva York fue tal que incluso desmontó gran parte de sus instalaciones de Menlo Park para trasladarlas a las nuevas fábricas en esta ciudad. No obstante quedó patente el carácter romántico de Edison al tomar la decisión de mantener la fabricación de las bombillas en Menlo Park para no destruir el empleo del que vivían la mayoría de las familias de la localidad. Las que no pudieron permanecer allí fueron trasladadas a Nueva York donde fueron reempleadas. Edison se instaló junto a su familia en un hotel cercano a Gramercy Park, zona en la que se encontraban las instalaciones de Edison.

Para dar a conocer su patente de iluminación alquiló una villa de gran tamaño en la mejor zona de la ciudad, en el número 65 de la Quinta Avenida, donde instaló un sistema de iluminación eléctrica en el interior de la vivienda y otro en la zona exterior en el jardín. Esta villa fue utilizada por Edison para mostrar la viabilidad de su invento, que pronto se vio instalado en las mansiones de Vanderbilt y el banquero Morgan.

En este momento, Edison desarrolló un ambicioso plan empresarial, viendo que por fin empezaban a encargarle sistemas de iluminación para residencias particulares. Los dos pilares de este plan eran la construcción de una fábrica de dinamos, que instaló en la Gorck junto al puerto, y la contratación de 1.500 empleados para sus factorías. Para descargarse del trabajo burocrático, contrató a Samuel Insull como secretario personal. Estas nuevas aventuras empresariales fueron los inicios de la General Electric Company.

Su éxito en las viviendas particulares se veía limitado porque sólo podía instalarse en los chalés y villas privadas, únicas viviendas que podían albergar un motor y una dinamo como fuentes de suministro eléctrico. Para solucionar estas limitaciones decidió emprender una campaña publicitaria en la zona más rica de la ciudad. Ofreció a los habitantes del centro financiero la posibilidad de cambiar sus instalaciones de alumbrado de gas por nuevas instalaciones eléctricas por el mismo coste. Su argumento principal era que la electricidad no desprendía gases tóxicos y era más segura porque se eliminaban los riesgos de explosión. Cuando logró convencer a muchos de estos vecinos se encontró con un nuevo problema: tenía que suministrar electricidad sin construir en sus viviendas el generador eléctrico. La solución era fabricar una central eléctrica en pleno centro de Nueva York. Para ello compró dos edificios de una de las calles más degradadas, Pearl Street, pagando 155.000 dólares. Allí usó la planta superior para instalar seis gigantes dinamos de 200 caballos de potencia cada una y en las plantas bajas las grandes máquinas de vapor para moverlas. Desde esta central eléctrica tendió una red de 25 km de conducciones eléctricas, en su mayor parte bajo tierra. El 8 de julio de 1882 se hizo la primera prueba del suministro eléctrico de las dos primeras dinamos, encontrándose un grave problema que consistía en la necesidad de regular la fuerza de la máquina de vapor para que las dinamos funcionasen simultáneamente. En tanto que se solucionaba este problema tuvo lugar la inauguración oficial el 4 de septiembre, tomándose la precaución de poner en funcionamiento tan sólo una dinamo que abasteció 400 lámparas en 85 viviendas diferentes. Pronto aparecieron nuevos problemas derivados de la curiosidad de los usuarios que se dedicaron a manipular la instalación provocando cortocircuitos.

Poco después del ensayo de Nueva York, la Société Continentale Edison empezó a instalar sistemas similares en París y Londres. En la capital inglesa fue fácil desarrollar el proyecto gracias a tres apoyos importantes: el éxito en la exposición del Crystal Palace de un año antes, el interés mostrado por el príncipe de Gales y la cesión de unos terrenos junto a Holborn Viaduct para la construcción de una central eléctrica. En ésta se dispusieron dos potentes instaladores Jumbo desarrollados por el británico Hopkinson.

Los éxitos de Edison volvieron a lanzarle a la fama y la sede de su compañía en el número 65 de la Quinta Avenida se convirtió en uno de los centros de reuniones de las clases altas de la sociedad de Nueva York durante los primeros años 80. La prensa empezó a hablar de un Edison millonario a la altura de 1884. Sin embargo, la realidad distaba mucho de ser esa. La Edison Electric Light Company tenía solamente 508 abonados que sumaban 10.200 lámparas, y los planes de desarrollo ideados por Edison se veían frenados por los directivos de la compañía que preferían vender patentes antes que construir nuevas centrales.

Ocurrió que, contra todo pronóstico, se multiplicaron los encargos de minicentrales eléctricas para el suministro a fábricas, comercios, hoteles, granjas e incluso pequeños pueblos. Para atender esta nueva demanda Edison creó una nueva compañía, la Edison Company for Isolated Lighting. En ese momento se dio cuenta de que sus grandes proyectos no habían prosperado por la reticencia de terceras personas ante sus planes de expansión y el miedo que solían tener los consejos de administración a la hora de abordar nuevas inversiones. Le había pasado con las grandes centrales eléctricas y, unos años antes, con las locomotoras eléctricas. Para poner fin a estos hechos tomó una decisión que marcaría su actividad en los años siguientes: abandonó su faceta de inventor para convertirse en empresario. *A partir de ahora voy a convertirme en un hombre de negocios. Voy a hacer una gran pausa en mi actividad como inventor y dedicarme a mis tareas como empresario en la fabricación de instalaciones de alumbrado eléctrico.*

106

III. DE INVENTOR A EMPRESARIO.
EN 1888 SE CONSTITUYE
LA EDISON GENERAL ELECTRIC

Su aplicación al mundo empresarial pronto dio resultados satisfactorios al recibir encargos para el alumbrado en Boston, Chicago y otras grandes ciudades norteamericanas. Pronto empezaría a tener nuevos problemas. Si su empresa mejoraba económicamente a ritmo insospechado, pronto se dio cuenta de que casi tan rápidamente se multiplicaban los accidentes entre sus operarios por su inexperiencia en el manejo de la electricidad. Para solucionarlo creó un centro de enseñanza en su sede central de la Quinta Avenida y se dedicó durante un año, rompiendo su decisión anterior, a inventar métodos de seguridad para el manipulado en obras de electrificación. Logró registrar, en ese año, 141 patentes que consiguieron reducir muy considerablemente el índice de siniestralidad de sus operarios. Pero estos no fueron los únicos inventos que ocuparon su tiempo, inventó nuevos dispositivos para la bombilla que eliminaban la concentración de residuo de carbón en su parte interior, aumentando la capacidad de iluminar y la vida útil de la bombilla. Gracias a esta investigación desarrolló el primer tubo catódico de la historia, que él bautizó como «lámpara de efecto Edison». Esta fue la base de la televisión, el radar y la mayoría de los aparatos electrónicos posteriores. El desarrollo de nuevos inventos a partir del tubo catódico fue explotado por otros inventores. Edison sólo se preocupó de buscarle una aplicación que de nuevo enlazaba con sus primeras investigaciones, se trataba de un nuevo telégrafo fabricado a medias con Gilliland al que denominaron saltamontes. Diseñado para viajar en los trenes era capaz de transmitir los mensajes desde el ferrocarril hasta unos postes, situados en paralelo a las vías, a una distancia de entre 10 y 16 m. De esta manera, se lograba una comunicación continua entre el tren y las estaciones sin necesidad de tener que detener el vehículo. Se trataba del primer sistema de telegrafía que lograba trasmitir parcialmente sin hilos. Ese salto del mensaje a la distancia citada anteriormente fue lo que hizo al inventor bautizarlo como el saltamontes.

La actividad de Edison como inventor le ocupaba la mayor parte del tiempo y era frecuente que pasase varios días sin ver a su familia. Cuando se concentró en la construcción de la central y suministro eléctrico para la ciudad de Nueva York, pasó tres semanas sin verla. Cuando finalmente volvió a su casa, de madrugada, entró sin hacer ruido para no despertar a su mujer y sus hijos. Sin embargo, su mujer, acostumbrada a pasar mucho tiempo sola, había comprado una escopeta para sentirse más protegida. Cuando escuchó a alguien que entraba, pensó que se trataba de un ladrón y encañonó a su marido. Finalmente se deshizo el equívoco que a punto estuvo de acabar prematuramente con Edison.

En el verano de 1884 la mujer de Edison contrajo el tifus. Se encontraba pasando el verano en Menlo Park mientras que Edison trabajaba en Nueva York. Éste dejó a cargo de sus principales colaboradores sus empresas y fue a cuidar a su mujer. Finalmente Mary Edison murió el 9 de agosto dejando viudo a Edison a la edad de 37 años. Esto supuso un duro golpe para el inventor que decidió concentrarse en su trabajo. Sus hijos varones quedaron a cargo de la tía Alice que ya vivía en Menlo Park, y su hija Marion fue enviada a un colegio interno para señoritas.

Pocos meses después de la muerte de su mujer, los hábitos de vida de Edison empezaron a cambiar. Dejó de ser ese genio descuidado y concentrado únicamente en su laboratorio y sus empresas y empezó a frecuentar los círculos sociales de la ciudad de Nueva York. Era frecuente, por aquel entonces, que los llamados nuevos ricos viviesen pendientes de los estrenos de teatro, las sesiones de salón y que frecuentaran los mejores sastres de la ciudad. Esta etapa de la vida de Edison, en la que se centraba en la dirección y creación de empresas más que en la invención y el trabajo de taller, le dejaban tiempo libre para emplearlo en esos menesteres. Gilliland, al que había llamado de Boston donde se encontraba regentando una oficina de patentes sobre telefonía y telegrafía, llamaba siempre la atención de Edison porque sabía compatibilizar sus muchas horas de trabajo con la vida familiar y había logrado crear lo que Edison consideraba un hogar feliz. Por eso frecuentaba asiduamente la casa de su amigo, donde se encontraba generalmente con la mayoría de los empresarios neoyorquinos que asistían a veladas culturales de café organizadas por la mujer de Gilliland, que gustaba de los eventos culturales. El matrimonio Gilliland pensaba que lo mejor que podía pasarle a Edison era que volviera a casarse, e incluso organizaban fiestas, a las que asistían posibles candidatas que le eran presentadas al inventor sin que éste supiera que no eran presentaciones casuales. A Edison no le hubieran hecho falta estas fiestas, puesto que durante el año que permaneció viudo recibía constantes cartas de mujeres de todos los Estados Unidos ofreciéndose a ser su esposa.

Edison sostenía que si había algo que no entendía en este mundo era a las mujeres y, además, se jactaba de no intentar comprenderlas. Por eso, cuando conoció en casa de los Gilliland a Mina Miller no supo explicar el porqué, pero se enamoró de ella. Mina Miller, de dieciocho años, era hija de un fabricante de maquinaria agrícola de Ohio y había recibido una educación distinguida ya que era hija única de una persona de gran fortuna.

Parece ser que la joven pronto correspondió a los sentimientos de Edison e idearon una forma de comunicarse estando en público antes de dar a conocer su noviazgo. Ella aprendió el Código Morse y tenía largas conversaciones con Edison mientras asistían a actos sociales situándose cerca de él y entablando conversaciones golpeando sobre algún objeto con el dedo. El mismo Edison reconoció años después que esa forma de comunicarse le dio seguridad en sí mismo, le hizo vencer todo conato de timidez y se sirvió del método para pedir, durante un paseo en coche de caballos, a Mina Miller que se casara con él. Ella no lo dudó y le dijo que sí.

Edison sabía que una sociedad puritana como la norteamericana de finales del s. XIX, solía ver con buenos ojos la diferencia de edad en el matrimonio, pero pensaba que 20 años podía ser considerado un exceso por el padre de Mina. Por eso decidió redactar una cuidada carta exponiendo sus sentimientos y pidiendo la mano de su hija. El padre de la joven había sido un trabajador de estucados, que con tesón había logrado convertirse en maestro y montar una factoría de maquinaria agraria inventada por él. No es de extrañar que admirase a Edison porque, aun con menos fortuna, sus vidas habían sido similares, pero el pretendiente de su hija había logrado muchísimo más que él. Posiblemente estas fueran las causas que le llevasen a aceptar rápidamente la petición que le hacía Edison.

Durante el corto período de noviazgo, Edison tuvo dos preocupaciones con respecto a su futura segunda mujer: la primera era colmarla de joyas que eran compradas por el inventor con dos objetos, uno era el satisfacer a Mina y el otro la inversión en ese tipo de objetos que ya había empezado a realizar con su primera esposa. La segunda preocupación fue la de encontrar una residencia que gustase a ambos. Tras una exhaustiva búsqueda decidieron comprar la villa Glenmont en West Orange, que era una villa-palacio construida en una zona rural próxima a unos valles. Cuentan sus allegados más íntimos que cuando se instalaron en su nueva residencia comentó a su mujer: *¿Ves aquél valle? yo haré que sea más bonito todavía. Levantaré en ese lugar una fábrica tras otra.* Su intención era reproducir en West Orange, pero ampliado, lo que ya había tenido en Menlo Park.

La boda de Edison, en febrero de 1886, constituyó todo un fenómeno social y fue ampliamente comentada en la prensa y en las reuniones sociales. Cuando salió de viaje de novios, su nueva mujer logró que Edison desapareciese por tres semanas y no supieran de él en ninguna de sus oficinas.

El año 1886 fue para Edison, además del de su boda, el de la reorganización de su entramado empresarial. Los consejos de administración de las empresas en las que participaba estaban compuestos por dos tipos de personas: por un lado se encontraban los inversores capitalistas que habían financiado los primeros proyectos del inventor; por otro se encontraban los colaboradores de Edison que se habían enriquecido gracias a su trabajo e incluso habían invertido en las empresas para intentar contrarrestar la capacidad de decisión de los primeros inversores. Cuando Edison volvió de su viaje de novios, se encontró con que los consejeros de la Edison Electric Light Company se encontraban divididos. El grupo de primeros inversores entre los que destacaba Grosvenor Lowrey, su antiguo abogado, y Eaton, habían desarrollado un plan basado en la venta de redes eléctricas a pequeñas localidades, que debían costear la construcción de la central porque esto resultaba más rentable a la compañía aun a riesgo de crecer lentamente. Era un grupo de empresarios conservadores que evitaban al máximo arriesgar dinero. Frente a ellos, Edison, Johnson, Bachelor, Upton y Bergman defendían que la empresa debía gastar dinero para ganar más dinero y crecer más. Según ellos debían construirse las centrales con capital de la empresa, hacer los tendidos eléctricos y cobrar tan sólo el suministro a particulares y empresas. De esta forma auguraban un crecimiento seguro, puesto que el desembolso para sus clientes sería menor.

Esta pugna entre unos y otros se saldó con el triunfo de los partidarios de la teoría de Edison que lograron hacerse con el control total de la compañía y sustituir a Eaton, presidente hasta entonces, por Johnson, quien rápidamente cambió la orientación empresarial del grupo Edison llevando a cabo una política empresarial más enérgica; inició una serie de juicios contra infractores de las patentes en propiedad de la empresa, amplió la antigua central eléctrica de Pearl Street, construyó dos nuevas centrales en Nueva York y amplió la fábrica de accesorios con nuevas naves en Nueva Jersey. Todo esto hizo que aumentase el volumen empresarial, como demuestra que en 1885 se vendiesen 139.000 lámparas incandescentes y cuatro años más tarde superasen el millón. También la compañía compró empresas dedicadas a la fabricación de accesorios eléctricos como la Bergman and Company creada por el socio de Edison, o la ampliación de la fábrica de maquinaria pesada de Goerck Street que fue trasladada a una antigua fábrica de locomotoras en el estado de Nueva York.

Una de las novedades que mejor resultado dieron fue la contratación de agentes comerciales que se especializaron en las diferentes clases de clientes. El caso más destacado fue el de Sidney Paine, que se especializó en el sector textil logrando iluminar más de la mitad de las fábricas de Estados Unidos.

A finales de 1886, el holding de empresas de Edison tenía un capital que superaba los 10 millones de dólares, había construido 500 pequeñas centrales eléctricas y 50 grandes centrales. Tenía clientes en Norteamérica, Europa, Suramérica y Asia.

La bonanza económica que vivían las empresas de su grupo y el buen estado de las finanzas hicieron que Edison volviera a volcarse en sus investigaciones, dejando nuevamente de lado su faceta empresarial y retirándose a su nuevo laboratorio de West Orange para aumentar nuevamente el número de sus patentes.

El regreso de Edison a la actividad que más le apasionaba, la invención, tuvo tres diferencias notables con respecto a lo que había sido su trabajo durante los años de Menlo Park. La primera diferencia consistía en la independencia económica que había conseguido gracias a la fortaleza de su grupo empresarial, al que por fin controlaba totalmente y que le permitía autofinanciar sus investigaciones; La segunda fue el carácter empresarial que dio a su investigación, su objetivo era el de tener la infraestructura suficiente para planificar, desarrollar y comercializar, sin que se le adelantasen otros inventores, los objetos más variados que fuera capaz de pensar el ser humano. La tercera fue la ubicación de su centro de trabajo que pasó de la pequeña localidad de Menlo Park a West Orange donde construyó el laboratorio de investigación y desarrollo mayor del mundo.

Su nuevo laboratorio, inaugurado en 1887, se situó en la calle principal de la localidad de West Orange. Al igual que hiciera en Menlo Park fue un complejo de varios edificios, construidos todos ellos de una sola planta para intentar aprovechar al máximo el espacio y adaptarlos a las necesidades del amplio equipo humano que desplazó consigo Thomas Alva Edison. El complejo estaba formado por un edificio principal y cuatro naves secundarias. El principal era un edificio que tenía cuatro plantas de altura, estaba construido en ladrillo y sus dimensiones eran considerablemente mayores a las de cualquier otro edificio de la ciudad: 76 m por 20 m. En él se alojaba una biblioteca con más de 10.000 libros científicos, una colección completa de minerales y sustancias químicas, varios despachos, entre los que destacaba el de Edison con una enorme mesa de roble que aparecía continuamente llena de planos y proyectos; otras estancias de este edificio eran talleres de maquinaria, salas de motores, un laboratorio para experimentación eléctrica y un completo almacén. Los cuatro edificios secundarios tenían una única planta de altura y estaban colocados formando un cuadrado. Estas naves eran utilizadas para completar y desarrollar los proyectos una vez que habían pasado la fase de construcción y necesitaban espacio autónomo para mejorarlos. Todo el conjunto estaba rodeado por una alambrada vigilada por un servicio de guardias que actuaba las 24 horas del día.

El factor humano también se vio reforzado y aumentado hasta pasar de las 45 personas iniciales a superar las 60 en plantilla fija. Además del número, se vigiló la calidad con la incorporación de importantes personalidades del mundo de la ciencia, entre los que destacan figuras como el científico A. E. Kennelly o el químico J. W. Aylsworth. Asimismo el equipo se vio reforzado por un grupo de dibujantes y delineantes encargados de desarrollar planos y bosquejos que pudieran entender todos los trabajadores del laboratorio, dejando más tiempo a Edison, quien hasta entonces se había encargado de esta función.

Pese a todo el derroche de medios que el inventor podía permitirse no abandonó nunca su carácter romántico e idealista, como lo demuestra el hecho de que reservó un espacio destinado a sus investigaciones privadas al que no tenían acceso ni sus colaboradores más íntimos. Pese a la mejora en sus condiciones de trabajo y el planteamiento del nuevo período de invenciones, el mismo Edison reconocería que los inventos nacidos en West Orange no podían asemejarse ni en calidad ni en originalidad a los que había logrado desarrollar en la época de Menlo Park.

Los primeros meses de trabajo de Edison como investigador en West Orange fueron dedicados a mejorar viejos inventos, descuidados por la investigación en torno a la red eléctrica, que habían sido mejorados por investigadores rivales y sacaban de ellos mayores rendimientos económicos. De esta forma, lo que había sido un invento de Edison era aprove-

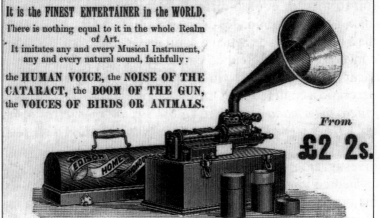

Anuncio publicitario del fonógrafo de Edison.

chado por otras personas gracias a la generosa legislación sobre patentes que consideraba nueva patente una mejora sobre un invento, otorgándole a quien lo había modificado todos los derechos de explotación. Esto había ocurrido principalmente con el fonógrafo, en cuyo desarrollo habían participado, después de Edison, muchos científicos de diferentes áreas, mejorando parcialmente su resistencia (Chichester Bell) o su potencia (C. S. Tainter). Cuando desde West Orange se hizo pública la intención de Edison de recuperar la patente total sobre el fonógrafo, Bell y Tainter le propusieron formar un equipo dirigido por él que desarrollase al máximo las posibilidades del invento. Éste dejaría claro cuál iba a ser su forma de actuar a partir de ese momento. Se había convertido en un auténtico empresario y estaba dispuesto a sacar el máximo beneficio de su trabajo, recurriendo si era necesario a contratar a los mejores abogados de América. *¡No quiero tener nada que ver con esos! Son unos perfectos piratas... He comenzado a perfeccionar el fonógrafo.* Fue la respuesta de Edison a la propuesta de desarrollo conjunto de la investigación.

Dedicó varios meses de intensivo trabajo a efectuar las mejoras que le permitieran demostrar que quien inventa un objeto es la persona más adecuada para mejorarlo, y que quienes intentan aprovecharse del trabajo ajeno suelen acabar perdiendo toda credibilidad. Las mejoras obtenidas durante este tiempo fueron considerables: redujo la distancia entre los surcos y su profundidad, con lo que lograba aumentar la capacidad de los discos a la vez que reducía el coste de éstos ya que se podían fabricar más estrechos; sustituyó la aguja lectora por un punzón de zafiro que no se desgastaba y que era mantenido casi en vilo por un contrapeso para no dañar el disco.

Sus rivales también trabajaron para intentar adelantarse a las investigaciones de Edison e intentar forzarle al trabajo conjunto. Pero nuevamente nuestro inventor se adelantó a sus

116

competidores y a mediados de 1888 hizo una demostración ante posibles inversores del nuevo aparato, logrando captar la financiación necesaria para su fabricación masiva. La demostración acabó en fracaso porque Ott había realizado unos cambios de última hora que no conocía Edison y durante la prueba apenas se lograron reproducir algunos ruiditos. Edison perdió la financiación pero mantuvo a su colaborador en la fábrica porque decía que era preferible un error por tener iniciativa que un acierto a costa del trabajo de los demás.

Puesto que debía reducir las posibilidades de fabricación del fonógrafo, al carecer de la deseada financiación, optó por darle publicidad como un artículo de trabajo dedicado a ser un dictáfono o un almacén de información. Alegaba que no pretendía convertirlo en un juguete y por lo tanto no debían comercializarse discos con contenidos musicales o de ocio. Esto no era sino una estrategia del inventor que sabía que una empresa siempre paga más que un particular y que si el producto se vendía a oficinas se obtendrían mayores beneficios que de la venta para los hogares. Se demuestra que esto era un truco de marketing cuando en el despacho de Edison se encuentran numerosos cilindros musicales grabados por el mismo inventor, muchos de ellos desgastados por el gran uso que él hacía de las grabaciones musicales.

Cuando, unos meses después, Edison parecía tener solucionado el problema de la fabricación de los fonógrafos, una serie de hechos le hicieron perder la confianza de sus colaboradores más allegados. Gilliland y el nuevo abogado de Edison, Tomlinson, habían sido encargados de las negociaciones con Lippincott, un fabricante de vasos de vidrio que había fundado una compañía para la fabricación, distribución y venta de fonógrafos: la American Graphophone Company. El único problema era que Edison solía ser reacio a la venta voluntaria de sus patentes. Lippincott resultó ser un empresario sin principios y logró sobornar a Tomlinson y Gilliland para que le ayudasen a conseguir la patente. Edison había fijado el precio en torno a un millón de dólares pero sus socios le convencieron de que la mitad de ese precio ya sería excesivo. Lograron que les diera plenos poderes para negociar la venta que debería llevarse a cabo en Gran Bretaña. A tal efecto Tomlinson y Gilliland embarcaron hacia Europa, junto a sus familias, el último día de agosto de 1888, y obtuvieron de Edison la suma de siete mil dólares para dietas y desplazamientos. Una vez en Inglaterra efectuaron la cesión de la patente por 200.000 dólares, lo que suponía la quinta parte del valor real, obtuvieron una comisión de Lippincott y no volvieron a ponerse en contacto con Edison. No obstante, Edison envió el siguiente telegrama a Gilliland:

Acabo de enterarme de que has hecho ciertos negocios con Lippincott y estoy al corriente de su naturaleza. Ahora mismo he rescindido tu contrato y he comunicado al señor Lippincott que el pago de cualquier nueva cantidad correrá a su cargo. Puesto que he sido tratado con tanta bajeza, solicitaré se me restituya todo el dinero que he pagado y no permitiré que exhibas fonógrafos en Europa.

Esta muestra de deslealtad sirvió a Edison para volverse más reservado cada vez hasta el punto de que, desde 1888 hasta su muerte en 1931, no consideraría amigo íntimo suyo a nadie salvo al empresario Henry Ford.

El daño ocasionado a Edison no acababa en la pérdida de la patente sino que, por el contrato firmado por sus representantes y Lippincott, se había comprometido a fabricar varios miles de fonógrafos a la recién creada North America Phonograph Company de Lippincott y tuvo que financiar la construcción de una fábrica con más de doscientos empleados en West Orange y una segunda que se dedicase a la fabricación de los muebles de madera que sujetaban los fonógrafos. Esto fue considerado por el inventor como un mal menor puesto que los productos fabricados debían serle pagados. Lippincott retrasaba los pagos al carecer de liquidez. Edison, que se había visto obligado a asociarse con él, despreciaba a éste hasta el punto de humillarle para intentar hacerle reaccionar rompiendo la sociedad. Edison consideraba a Lippincott como un completo estúpido y llegó a escribirle notas como: *enviaré a visitarle a un topógrafo con un teodolito para que compruebe de una vez donde tiene usted la cabeza.*

Al poco tiempo de su obligada asociación, Lippincott moría de una apoplejía dejando una deuda con Edison de más de 60.000 dólares. Gracias a esta deuda, Edison logró hacerse con la compañía de fonógrafos recuperando la patente, la comercialización y la distribución a nivel nacional. Edison, al querer recuperar el pleno derecho sobre la patente de los fonógrafos, tuvo que recurrir a la tutela judicial de la empresa. Los acreedores de Lippincott también acudieron a los tribunales para intentar recuperar sus deudas, y como consecuencia Edison padeció un embargo sobre el comercio de fonógrafos en Estados Unidos durante los tres años que duró el litigio. No obstante, el mercado internacional no se vio afectado por esta decisión judicial y pudo exportar grandes cantidades de fonógrafos.

Su retomada faceta de inventor, a la que decidió volver tras trasladarse a West Orange, le ocupaba la mayor parte de su tiempo, logrando mejorar la lámpara de incandescencia sustituyendo el antiguo filamento de bambú carbonizado por otro de celulosa hilada. Su nueva línea de investigación le llevó a preocuparse por el trabajo de los mineros y la posibilidad de mejorar sus condiciones de vida y de seguridad. Fruto de estas investigaciones fue un nuevo taladro con cintas de acarreo. Desde sus últimas vacaciones, que coincidieron con su viaje de bodas, Edison había trabajado sin descanso, bien en su faceta empresarial, bien en su laboratorio de investigación, y su segunda mujer observaba en él un estado de fatiga considerable que la llevó a convencerle para que tomase unas largas vacaciones que le permitieran recuperarse. De esta manera, el matrimonio Edison emprendió un viaje a Europa durante el verano de 1889. La primera etapa de su viaje coincidió con la Exposición Universal de París donde las empresas de Edison habían instalado un gran pabellón en el que eran protagonistas destacados sus dos inventos más importantes: el fonógrafo y un sistema de iluminación autoabastecido que suministraba luz a todo el pabellón, que fue visitado por 30.000 personas.

El viaje de los Edison por Europa, demostró al inventor y a su joven esposa el enorme eco que su labor había alcanzado en todo el viejo continente. Sus actos públicos constituían muestras constantes de admiración que en un principio agradaron a Edison y a Mina Edison, pero que, como él reconocería más tarde, terminó por hastiarle; no así a su esposa, que con su belleza y juventud se encontraba como pez en el agua dentro de ese ambiente de alta sociedad, más aún después de haber estado, desde que se casó, en West Orange sin tener ningún tipo de vida social. Además del constante fervor popular también recibió el agasajo constante de los hombres de Estado, como el presidente francés Sadi Carnot que le recibió en el Palacio del Elíseo, le impuso la máxima condecoración civil francesa (la Legión de Honor) y le invitó a su palco en la Ópera de París; el rey Humberto de Italia también le recibió en su residencia a la vez que le otorgaba diversas condecoraciones. No sólo la clase política quería mostrarse en público con Edison sino que muchos de los grandes científicos europeos se citaron con él mostrándose en todos los casos la mutua admiración que se profesaban. Entre estos destacan Louis Pasteur, Helholtz o Siemens, el ingeniero Gustavo Eiffel e incluso el mismo Buffalo Bill, de gira por

Francia, le brindó la oportunidad de viajar en una diligencia acosado por indios que disparaban balas de fogueo.

Igualmente visitó centros que le interesaban especialmente al coincidir en gran parte con las investigaciones que venía desarrollando, como fue el caso de la Central Eléctrica de Holborn Viaduct en Londres, que utilizaba grandes generadores de 110 voltios. En Italia visitaría al inventor Ferranti quien, contra la opinión de Edison, logró un generador de corriente alterna con una potencia de 15.000 voltios que lograba solucionar un problema que hasta ese momento Edison no había llegado a plantearse: la distribución de corriente eléctrica a larga distancia.

Pese al baño de multitudes y las continuas visitas, el hecho que más satisfizo a Edison de su viaje por Europa fue el reencuentro con su hija Marion, quien viajó a París para pasar unos días con su padre y que se encontraba, desde la muerte de su madre, interna en un colegio de Ginebra para señoritas. Durante los días que pasó junto a su padre y su madrastra quedó de manifiesto la antipatía que sentía por ésta.

El viaje de Edison concluyó a mediados de octubre de 1889 con una nueva sorpresa a la llegada del inventor a West Orange: Batchelor y Dickson habían construido, siguiendo los bosquejos y planos de Edison, el kinetoscopio. En la demostración hecha a su jefe aparecía Dickson proyectado sobre una pantalla blanca que entraba en una sala y decía: *Buenos días, señor Edison, me alegro de que haya regresado. Espero que esté satisfecho con el kinetoscopio.* Frente a la tradición que sitúa a los hermanos Lumière como los pioneros del cine, aparece la primera proyección, sonora y no muda como la de los franceses, nacida de la factoría de West Orange.

En todo aquel entramado empresarial en el que se veía envuelto Edison, tenía muy poco tiempo para cumplir sus deseos de dedicarse plenamente a su trabajo de investigación y trabajar sobre los experimentos del cinematógrafo, al que,

121

muy a pesar suyo, sólo le dedicaba breves espacios de tiempo. Ya decía Louis Pasteur que los hombres de ciencia como Edison no debían mezclar los negocios con las invenciones. Lo mismo opinaba Edison, como dijo en cierta ocasión: *Los dólares y la ciencia andan demasiado mezclados.* A Edison no dejaban de ocurrirle sucesos relacionados con sus empresas que le hacían alejarse cada vez más de sus experimentos. Un año después de haberse instalado en West Orange, sus empresas habían crecido considerablemente hasta llegar a convertir al inventor en uno de los más poderosos industriales de Norteamérica. Contaba con cerca de 3.000 empleados. Pese a su capacidad de innovación, demostrada en el terreno de las invenciones, su carácter empresarial era más bien conservador en lo que se refería al trato con sus empleados. Partía de la base de que si él era capaz de trabajar jornadas continuadas de más de 12 horas, todos sus trabajadores debían estar dispuestos a hacer lo mismo. Esto le hacía rechazar los sindicatos y las reivindicaciones obreras, puesto que consideraba que las peticiones de los trabajadores debían ser capaces de hacerlas ellos mismos y no valerse de agentes externos que poco o nada conocían del funcionamiento de sus factorías. Estas peculiares relaciones laborales conocieron momentos tensos a finales de los años 80, cuando Edison vivía un proceso de expansión industrial que, según él, no le permitía mejorar los salarios, puesto que necesitaba todo el capital disponible para ampliar sus industrias. Edison prefería pagar salarios medios o medio-bajos e incentivar a sus trabajadores con horas extras remuneradas y primas por productividad. Su plan económico chocaba con las reivindicaciones del primer sindicato obrero de Estados Unidos llamado Knights of Labor (Caballeros del Trabajo) que desde 1885 venía reivindicando la jornada laboral de diez horas y el aumento de los salarios. Un grupo de casi 100 trabajadores de sus factorías habían sido enviados a realizar unos cursos de reciclaje y especialización en los que habían conocido a representantes del sindicato que, conocedores de la situación de las fábricas de Edison, convencieron a los trabajadores para que iniciasen una huelga. La decisión de Edison fue cambiar la maquinaria para que el cursillo realizado por sus trabajadores fuera inútil y despedir al cabecilla de la huelga.

En muchas ocasiones Edison prefería bromear respecto a algunas reivindicaciones de los trabajadores. Tal fue el caso del traslado de su fábrica de maquinaria de Nueva York a Schenectady. Los trabajadores tenían que desplazarse varios kilómetros hasta su centro de trabajo. Para compensarles, Edison decidió aumentarles el sueldo en 25 centavos diarios. Los trabajadores exigieron subidas salariales mayores, lo que fue interpretado por Edison como un intento de extorsión motivado por su carácter blando. Es decir, en la mente de Edison el razonamiento era el siguiente: si él les había subido voluntariamente 25 centavos, ellos interpretaban que podían exigirle mayor subida. Edison se negó a la nueva subida y los trabajadores empezaron una huelga y enviaron un comité para negociar. Tras varias semanas de huelga, el inventor permanecía sin dar ninguna concesión y los trabajadores decidieron volver a la fábrica con las condiciones impuestas por su jefe.

Otra de las dificultades con las que se encontró la actividad industrial de Edison, eran las grandes cantidades que debía invertir para realizar su actividad. Tal fue el caso con el que Edison se encontró cuando la Edison Machine Works fue trasladada a Schenectady y para hacer frente a los numerosos pedidos que debían suministrar debían invertir grandes cantidades de capital para comprar materiales, por lo que pasaban por auténticos apuros a la hora de encontrar grandes cantidades de dinero en cortos espacios de tiempo. Manifestaba constantemente su desagrado hacia las entidades financieras a las que debía acudir para que les prestaran capital, como cuando contaba a Henry Villard alguna de las desagradables experiencias que tuvo que vivir al acudir a ellas:

Tú dices que la manera de conseguir dinero es pedir préstamos. Una vez pedí prestados veinte mil dólares a Drexel, Morgan & Company y me los reclamaron inesperadamente, cuando yo me encontraba en una situación desesperada, instalando talleres. Tuve que pagar cuatro mil dólares más sobre aquellos veinte.

No obstante, su mano derecha, Insull, era partidario de pedir créditos, por lo que pasó a ser el encargado de solucionar esas cuestiones financieras.

También se caracterizó aquella época por los pleitos que se interponían con motivo de las continuas lesiones a las patentes. La situación que se vivía en aquellos momentos estaba caracterizada por la presencia de los llamados «piratas de patentes». Se les llamaba así por fabricar y comercializar objetos copiados de los de Edison pero que estaban registrados bajo la licencia de otras patentes que no fueran del inventor. Así ocurrió con las lámparas incandescentes fabricadas igual que las de Edison pero bajo la patente de Sawyer-Man. Las empresas que constituían la competencia de Edison eran principalmente la empresa Thomson-Huston Company, de Lynn, en Massachusetts, que trabajaba con las empresas dueñas de las patentes Sawyer-Man, la United States Electric y la Consolidated Electric Company, a cuyo mando se encontraba George Westinghouse, de Pittsburgh. Fue este mismo el destinatario de todas las demandas que había interpuesto Edison por infracción de patente, desde 1885 hasta 1892. Todo este largo proceso judicial, que fue conocido como el «litigio del filamento de carbón», comenzó con una sentencia de los tribunales federales de St. Louis, en 1885, desfavorable para Edison, por carecer de fundamentos. No obstante, al recurrir a tribunales superiores, se le fueron reconociendo todas las patentes como suyas.

Parecía que en aquella época, con el fin de controlar el monopolio, se actuaba sin ningún tipo de escrúpulo. Era prueba evidente de ello el comportamiento desconsiderado de personajes como Elihu Thomson y George Westinghouse. Estos dos, la principal competencia de las empresas de Edison, se propusieron hacerse con todas las patentes relacionadas con la electricidad, que no fueran de Edison, por lo que llegaron incluso a luchar entre ellos en alguna ocasión para conseguirlas. La finalidad era tener el mayor número de patentes para monopolizar el mercado a pesar de fabricar exactamente los mismos modelos patentados por Edison, hasta el punto de hacerlo abiertamente como lo hizo Elihu Thomson, quien mantenía que copiar las patentes podría ser incluso una cuestión de ética, ya que, según él, nadie se preocuparía por defender la prioridad de aquellas. En 1887 Edward Johnson llegó a afirmar que en los años en los que Edison se dedicaba, inocentemente, a hacer demostraciones de sus experimentos en Menlo Park, muchos de los visitantes iban con el único objetivo de plagiar esos experimentos. A pesar de todo, hasta que no se finalizara todo el entramado judicial, la parte contraria de Edison podía, libremente, seguir comercializando lámparas con filamento de carbón.

Fue por este motivo por el que Edison y sus socios decidieron buscar el lado débil de Westinghouse y sus sociedades. Edison se enteró de que su rival acababa de hacerse con la patente del transformador que, en 1883, Lucien Gaulard y John D. Gibbs habían creado en Inglaterra, mediante el cual transformaban la corriente de alto voltaje en una de baja potencia a través de líneas de gran longitud y a bajo coste. Este mismo transformador sería mejorado años más tarde, en 1885 por A. Stanley, antiguo empleado de Westinghouse y que se dedicaba a realizar inventos relacionados con la electricidad. Éste fue el lado por el que Edison y compañía decidieron atacarle, no porque sus productos fueran de peor calidad sino porque querían demostrar que no daban garantías de seguridad. Basó su crítica en un estudio hecho sobre la intensidad en el voltaje de la corriente alterna que transportaba hasta 10.000 voltios a varias decenas de kilómetros. Esto ponía de manifiesto la dificultad para controlar el grado de potencia eléctrica, ya que un simple accidente como un cortocircuito o el hecho de que alguna parte del sistema de alta tensión tocara el suelo, provocaría que el usuario, en contacto con el interruptor, quedara inmediatamente electrocutado, por lo que, amparándose en estudios similares realizados por Kelvin, Siemens o Thomson, inició una despiadada campaña de prensa que llegó a cotas insospechadas. En 1886 le habían ofrecido a Edison la patente del sistema de corriente alterna Z.B.D. denominado así en honor a sus creadores Zipernowsky, Bláthy y Déri, pero Edison rechazó el sistema. En su afán por desprestigiar tal invento, recurrió a la invención de una silla eléctrica alimentada por una corriente alterna de 1.000 voltios, sobre la que colocaba perros y gatos callejeros y los freía para demostrar la peligrosidad de dicha corriente. Las exhibiciones de crueldad con los animales se multiplicaron a cargo de H. P. Brown quien se prodigaba por plazas, mercados y salas de conferencias realizando sus demostraciones portando un generador comprado a Westinghouse. Tal vez esta fuera una de las peores aportaciones de Edison a la sociedad puesto que, tan sólo unos meses después, la ciudad de Nueva York adoptó la silla eléctrica como método para aplicar la pena capital. Aquí nos encontramos con una de esas paradojas de la vida difíciles de comprender, ya que Edison, para demostrar que los generadores de corriente alterna no eran seguros, creó, sin saberlo, la silla eléctrica. Más aún, una vez aprobado el método de ejecución por el poder legislativo de Nueva York, ciertas sociedades de derechos civiles se dirigieron a él para que perfeccionase la forma de ejecución y los condenados sufrieran menos.

Cuando finalmente los tribunales norteamericanos dieron la razón a Edison, en 1892, los derechos, nuevamente en manos de su inventor, expiraban dos años después y las empresas de la competencia que se habían servido de las artimañas legales para mantener su producción, habían obtenido mayores beneficios que la empresa de Edison.

Henry Villard, representante de un grupo de financieros alemanes poseedores de las patentes de Edison en materia de electricidad para su fabricación, comercialización y distribución en Europa, entre los que destacaban Siemens y Rathenau, se reunió en West Orange con el inventor para proponerle que copiase en Estados Unidos el modelo empresarial que tan buenos resultados estaba dando en Europa con la recién creada A.E.G. (Sociedad General de Electricidad), esto es, la fusión de todas las sociedades en una única gran empresa. Tras el desembarco del grupo Morgan, unos años antes, en las sociedades de Edison, éste había perdido todas sus participaciones económicas en la inicial Edison Electric Light Company y sus ingresos venían de la gestión y fabricación de los componentes que esta gran empresa necesitaba. La propuesta de Villard le permitiría tener un arma de negociación con el grupo Morgan y el resto de los accionistas, y recuperar parte del poder de decisión en la empresa principal. Edison no estaba del todo convencido pero acabó aceptando la propuesta ante sus problemas de liquidez, que podían verse solucionados con la inyección de capital del grupo liderado por Drexel y Morgan. De esta forma nació el gigante de la electricidad Edison General Electric Company con un capital en acciones de 3.500.000 de dólares, de los que el 10% quedaba en manos de Edison y con Insul, Batchelor y Upton, junto a él mismo, como miembros permanentes en el consejo de administración.

La relativa alegría de Edison duraría poco ya que, coincidiendo con el final de la guerra del filamento de carbón, Morgan y los Vandervilt iniciaron una negociación con el consorcio Thomson-Huston para acabar en la creación de un trust que controlase la mayoría de las empresas relacionadas con la electricidad. El nuevo gigante empresarial volvía a escaparse de las manos de Edison que, fruto del aumento de capital accionarial, veía reducida su participación del 10 a menos del 5%. Su mayor decepción fue cuando el 15 de abril de 1892 la nueva compañía eliminaba su nombre de la marca, quedando como General Electric Company. Junto a la pérdida de importancia de Edison salieron del consejo de administración sus antiguos colaboradores. Por si todo esto fuera poco, a Edison no se le informó de la nueva situación empresarial, pese a seguir formando parte del consejo de administración, y tuvo que enterarse al leer la noticia en la prensa de Nueva York. Su decisión fue la que era de esperar y dimitió. Poco después declaró: *Voy a comenzar con algo nuevo, algo mucho más importante que todo lo anterior y que va a hacer olvidar a la gente que mi nombre haya tenido alguna vez algo que ver con la electricidad.*

En 1892 tomó la decisión de dedicarse a otro sector económico más rentable de mayor peso financiero. Se había propuesto entrar de lleno en la industria del hierro y del acero. Su capacidad de observación y su ingenio era tal que la incursión en ese mercado vino de forma casi accidental. Pescando en Long Island observó que la arena tenía un color negro similar al del hierro antes de su depuración. Pasando un imán por encima de la arena quedaban adheridas muchas partículas que se separaban fácilmente de la arena. Sin pensárselo dos veces compró una finca en Ogdensburg, Pennsylvania, y contrató a 150 empleados. Inventó un decantador que extraía el hierro de la arena gracias a un potente imán y empezó a extraer mineral. Cinco años más tarde tenía más de 400 empleados a los que había alojado en una colonia de casas con agua corriente y luz eléctrica instalada por él mismo. Su método de extracción de mineral pronto contó con nuevas aportaciones técnicas que incrementaban su rendimiento gracias a sus nuevos inventos. Entre estos destacaba una excavadora con palas de cuchara, la más grande de toda Norteamérica, unas cintas transportadoras de más de un kilómetro de longitud y, sobre todo, dos enormes cilindros en cuyo interior se trituraba la roca haciéndolos girar a gran velocidad en ambas direcciones. Tras la trituración el polvo pasaba por un separador compuesto por 480 imanes que extraían el hierro de la arena. La mentalidad empresarial de Edison se había perfilado tanto que obtenía beneficios de todo el proceso. El hierro era compactado y transportado a los altos hornos y el polvo de arena sobrante era vendido a empresas de construcción.

La factoría de extracción de hierro y acero de Thomas Alva Edison, estuvo en funcionamiento siete años entre 1892 y 1899. El ambicioso proyecto del inventor pudo mantenerse durante este tiempo gracias al tesón de Edison y a su fortuna personal de unos 2.000.000 de dólares, que empleó íntegramente en intentar hacerla rentable. Su innovador sistema de extracción de metal, resultó, a la larga, un proyecto económico deficitario pese a la planificación inicial del inventor. La maquinaria padecía un enorme gasto de mantenimiento, ya que el desgaste que producía la roca en las trituradoras era muy significativo y la cantidad de personal empleado era prácticamente la misma que para las minas convencionales. Los accidentes laborales estaban a la orden del día y Edison veía muchas dificultades a la hora de contratar y formar al personal que le era necesario.

En 1893 una crisis bursátil redujo la demanda de mineral y Edison tuvo que suspender la producción durante algunos meses. La mina se mantuvo gracias a que su dueño empleó su dinero en mantenerla operativa. Su interés por la factoría fue tal que pasó largas temporadas sin visitar a su familia, despreocupándose de las fiestas familiares y otros acontecimientos sociales o luctuosos tales como las navidades o el fallecimiento de su suegra.

Además de sus problemas en la mina tuvo que hacer frente a una serie de problemas familiares, como los que acontecieron a los dos hijos de su primer matrimonio. El mayor llevaba una vida disoluta con un matrimonio poco estable y más de una vez tuvo que ayudarle económicamente. Su hijo pequeño se alistó en la guerra contra España en 1898 y enfermó de fiebre amarilla requiriendo cuidados especiales. Además, en 1896 recibió la triste noticia del fallecimiento de su padre con 93 años de edad.

La esposa de Edison, Mina, acostumbrada al ritmo de trabajo de su marido, no obstaculizó la labor de éste al frente de su industria pese a sus reiteradas ausencias. A pesar de la ausente vida familiar por parte de Edison tuvieron un hijo, Theodore, en 1898.

La explotación minera se mantuvo pese a los contratiempos hasta que en 1898 Rockefeller y su socio Oliver encontraron, en Minnesota, los yacimientos de hierro más ricos del mundo. En ese momento Edison tomó la decisión de abandonar su proyecto al no poder competir con el volumen de extracción de su rival, hecho que coincidió con el agotamiento de su yacimiento. Tomó la decisión de acabar su último pedido asumiendo las enormes pérdidas que le suponían y en 1899, tras indemnizar a sus trabajadores, clausuró la explotación que había producido 75.000 toneladas de mineral.

Edison, totalmente arruinado, no perdía su optimismo y comentaba que siempre podría volver a trabajar como telegrafista.

Durante su etapa como empresario del metal, Edison se había interesado en el desarrollo de dos investigaciones: una era la mejora de la pantalla de visualización de rayos X ideada por Röntgen, aunque este proyecto lo abandonó al poco tiempo, pese a conseguir ciertas mejoras, porque tanto él como sus colaboradores empezaron a padecer extrañas enfermedades e incluso Clarence Rally llegó a morir, supuestamente por cáncer. La segunda investigación fue la mejora de su kinetoscopio para la representación de imágenes animadas, trabajo que había empezado en 1886 cuando, junto a Dickson, patentó un proyector de cine capaz de almacenar y reproducir imágenes en movimiento. En un principio la cámara estaba concebida para representar imágenes sin sonido para una duración máxima de 12 segundos. Su preocupación desde entonces fue aumentar el tiempo de duración de las proyecciones e intentar reproducirlas con sonido, eliminando los problemas que suponían sincronizar la imagen visual con las grabaciones de audio. El proyecto quedó parcialmente abandonado cuando en 1891 sus colaboradores en este nuevo invento se pasaron a la competencia y acusaron a Edison de aprovecharse de su trabajo. Cuando Edison decidió dedicarse a su aventura como empresario minero, no podía desviar fondos para financiar estas investigaciones e intentó, sobre todo desde 1892, captar nuevos inversores sin éxito. Decidió comercializar por su cuenta un kinetoscopio al que se le había añadido una ranura por la que se introducía una moneda para ver la película, pensando que podría recuperarse la inversión realizada exponiendo su invento en ferias, mercados y locales comerciales, pero el resultado fue pésimo económicamente. Cada máquina costaba 300 dólares y ninguna logró recaudar ni la mitad de su coste de producción.

Ese mismo año, 1892, decidió explorar el kinetoscopio por otras vías para lo que montó el primer estudio de grabaciones cinematográficas de la historia. Encargó a sus colaboradores de West Orange la creación de un teatro usando un barracón de madera recubierto de alquitrán, que aislase de la luz solar las películas y que pudiera ser iluminado en función de las necesidades del rodaje. Este teatro fue llamado Black María. Se trataba de un establecimiento pionero, en el que se cumplió uno de los proyectos de Edison: aumentar la duración de las grabaciones de 12 segundos hasta casi un minuto y medio. En este centro se produjeron los primeros cortometrajes de la historia del cine. Aprovechó, como medida publicitaria, personajes populares del momento que hacían los papeles en sus grabaciones. Entre ellos destacaban el boxeador Jim Corbett o el mismo Búffalo Bill. Intentando dar una finalidad pedagógica a su nuevo invento, elaboró una serie de documentales entre los que destacan uno de las instalaciones de West Orange y otro en el que el protagonista era el mismo Edison trabajando en su laboratorio.

Las películas elaboradas en el Black María tuvieron un éxito considerable, y en 1894 Norman C. Raff y Frank Gammon crearon una sociedad llamada The kinetoscope Company firmando un contrato en exclusiva con Edison que debía suministrarles los reproductores y las películas de 90 segundos. Esta sociedad abrió locales acondicionados para los kinetoscopios en los que se proyectaban las películas cobrando un precio de entrada. Bien podría decirse que fueron los precursores de la proyección comercial en salas de cine. El 14 de abril de 1894 en Broadway, Nueva York, se produjo el estreno que fue un éxito sonado y que permitió la apertura de salas iguales en las principales ciudades norteamericanas. En poco tiempo el kinetoscopio se convirtió en la forma de diversión preferida de los norteamericanos, que llegaban a hacer varias horas de cola para poder ver películas de 9 minutos, teniendo, para ello, que pasar de un kinetoscopio a otro ya que la duración seguía siendo de 90 segundos. El éxito del kinetoscopio fue fugaz ya que dos años después de su comercialización había perdido la mayoría de su clientela. Las causas de esta situación fueron dos: en primer lugar, el logro por sus competidores europeos de la proyección en pantallas de gran tamaño con cierta calidad de imagen y, en segundo lugar, la ya citada fuga de Dickson a la compañía rival dirigida por los hermanos Latham. Éste no sólo firmaría un contrato con esta compañía sino que robaría documentos importantes del despacho de Edison. Parece ser que Edison y

Rodaje de una secuencia cinematográfica.

Dickson se complementaban en conocimientos ya que ni uno ni otro lograron mejoras considerables en los aparatos producidos una vez separados. De esta forma, los hermanos Latham lanzaron al mercado el modelo panoptikun, muy inferior en calidad al diseñado por Edison para la Kinetoscope Company. Lo último que se supo de Dickson fue que dejó la sociedad de los hermanos Latham y fue contratado por Mutascope and Biograph, sociedad casi pirata que se dedicaba a plagiar patentes ya existentes. Edison demandó a esta compañía y Dickson se trasladó a Gran Bretaña donde vivía gracias a los donativos que recibía de Edison.

El interés que desencadenó la proyección en la sociedad de aquel momento, quedó reflejado en la gran cantidad de inventores aficionados que intentaron reproducir las imágenes sobre una pantalla de gran tamaño. En 1896 uno de estos, Thomas Armat logró su objetivo y los empresarios de la Kinetoscope Company compraron su patente llamada vitascopio. Sabían que era mucho más rentable comercialmente un invento firmado por Edison. Idearon un plan aprovechándose de la inexperiencia de Armat y las necesidades económicas de Edison, que perdía ingentes cantidades de dinero en su factoría minera. Propusieron que el invento se presentase como un desarrollo conjunto de ambos. Edison rehusó el ofrecimiento en un primer momento pero finalmente tuvo que aceptar. La presentación se hizo en West Orange ante destacadas personalidades de la sociedad estadounidense que observaron personajes en movimiento y con una definición casi perfecta en una pantalla de casi 20 m^2. Cuando se realizó la primera proyección comercial, Edison se encontraba en un palco mientras que Armat manejaba desde la cabina la proyección. Se trataba de un documental sobre escenas marinas de gran realismo. Cuando acabó la sesión, el público en pie ovacionó a Edison, quien se negó a devolver el saludo porque no se consideraba el autor de ese invento. Muchos años después seguiría disculpándose ante Armat al que reconocía como el verdadero pionero del cinematógrafo.

Tras el cierre de su factoría en 1899, Edison regresó a West Orange donde se dedicaría a la mejora de la proyección de películas. Su primer trabajo en esta materia fue dirigido a mejorar el sistema de bobinas y arrastre de las películas cinematográficas. Este nuevo sistema permitió aumentar la longitud de las cintas, con lo que se conseguía que la duración de las películas fuera mucho mayor, llegando incluso a durar 15 minutos.

El negocio de películas cinematográficas le permitió recuperarse parcialmente de las enormes pérdidas que le había causado su etapa como extractor de hierro. A lo largo de todo este estudio hemos visto cómo Edison era incapaz de dedicar su tiempo al desarrollo de un sólo proyecto, por muy lucrativo y absorbente que éste fuera. En este caso compartió su tiempo entre el estudio Black María y la mejora del sistema de transporte individual: el automóvil. Los vehículos autopropulsados que más se habían comercializado en los últimos años del s. XIX estaban movidos por motores alimentados por una batería de acumulación realizada en plomo que, necesariamente, debía ser rellenada de ácido sulfúrico; otro grupo considerable de automóviles se movía, todavía, empleando máquinas de vapor que debían ser alimentadas continuamente y un número muy reducido de los coches se movían propulsados por motores de explosión de gasolina. El trabajo de Edison se centró en sustituir las baterías de plomo y ácido sulfúrico, que tenían un período de duración muy corto por la enorme corrosión que debían soportar. En 1900 inició sus investigaciones en esta materia y se centró en el desarrollo de un contenedor de pequeño tamaño y poco peso para el suministro de energía eléctrica.

Unos años antes, en 1897, el ingeniero jefe de la central eléctrica de la Edison Company, situada en la industrial ciudad de Detroit, había empezado a construir coches propulsados por gasolina. Se trataba del joven emprendedor Henry

Ford a quien Edison siempre aconsejó que desarrollase motores de explosión que le permitirían fabricar coches más baratos y duraderos. Pese a este consejo, Edison se empeñó en mejorar los coches alimentados eléctricamente.

Las investigaciones se centraron en buscar un componente para sustituir el electrolito corrosivo que usaban las antiguas baterías por otro de más larga duración que fuera capaz de aprovechar la capacidad energética en mayor medida y reducir su tamaño. En este empeño ocupó tres años hasta que en 1903, tras una larga serie de investigaciones prácticas, descubrió que las propiedades que buscaba se encontraban en el hidrato de níquel. Al poco tiempo contrató a un químico de origen ruso, especialista en la experimentación con este tipo de material, llamado Martin Andrei Rosanov. Se trataba de un científico formado en la Universidad de la Sorbona de París, gran teórico en la materia, que se sorprendió cuando preguntó a Edison cuáles eran las normas del laboratorio y obtuvo por respuesta: *Por todos los diablos, aquí no hay normas. Lo único que queremos es ver resultados prácticos.*

Una vez desarrollado el nuevo modelo de baterías para automóviles, se asoció con una mina canadiense que le suministrase níquel y empezó a comercializarse el acumulador en una fábrica nueva que construyó en Silver Lake. Aquellas permitían almacenar mayor cantidad de electricidad a la vez que multiplicaban los ciclos de recargas y eran mucho más resistentes que las de plomo y ácido sulfúrico. Antes de comercializarla, Edison quiso estar seguro de su utilidad y resistencia. La utilidad quedó demostrada al ser instalada como alimentador de diferentes maquinarias, rodadoras o giratorias. Para demostrar su resistencia empleó, como era habitual en él, un método empírico poco académico, éste consistía en tirarlas sucesivamente desde distintos pisos de su laboratorio.

Una vez seguro de su nuevo invento se sirvió nuevamente de la prensa para darlo a conocer al público. Pronto se multiplicaron los pedidos y tanto transportistas como particulares se lanzaron a comprarlo. Para desarrollar el modelo de batería E había invertido la suma de 500.000 dólares, conseguidos gracias a hipotecas sobre propiedades inmuebles que tenía diseminadas por todo el país. Al poco tiempo de la comercialización pudo hacer frente a sus deudas y parecía que la recuperación de la economía de sus empresas iba viento en popa. Pese a los buenos resultados iniciales pronto empezaron a llegarle reclamaciones porque, tras varios ciclos de recarga de las baterías, éstas empezaban a perder fuerza y reducían su capacidad hasta un 30%.

Pese a que hizo público rápidamente este problema, numerosas compañías automovilísticas continuaban demandando sus baterías como era el caso de la Studebaker. Edison tomó la decisión de suspender la producción y no servir más pedidos hasta averiguar cuál era la causa de la pérdida de capacidad. Sólo entonces volvería a comercializarlas. Pronto la compañía que había creado para fabricar las baterías, la Edison Storage Battery Company, entró en pérdidas que aumentaron cuando el mismo inventor decidió indemnizar a todos los clientes que habían comprado baterías defectuosas. Para mantener la empresa abierta volvió a inyectar dinero de su propio bolsillo volviendo a la situación de 1899 cuando quebró la empresa de extracción de mineral.

Afortunadamente para Edison su productora de películas iba viento en popa y entre 1903 y 1904 rodó en su estudio Black María dos grandes éxitos comerciales. El primero de ellos llevaba por título *La vida de un bombero americano* y la segunda, que obtuvo un éxito arrollador, se titulaba *El asalto al tren*. Gracias a los beneficios obtenidos de la primera constituyó una sociedad productora a la que llamó Thomas A. Edison Inc. Su función no era solamente la del rodaje de películas sino que construía y gestionaba salas de proyección. El desarrollo de este sector fue tan rápido que en 1909 había construido más de 800 salas de proyección en todos los Estados Unidos. Como el antiguo estudio de West Orange se quedó pequeño, se decidió la construcción de un gran estudio situado en el Bronx neoyorquino construido todo él en cristal en el que se podían rodar tres películas diferentes a la vez y que costó 100.000 dólares. Edison había patentado en 1891 el sistema de proyección en Estados Unidos, el kinetoscopio; sus sucesivas mejoras habían ido patentándose pero solamente en Estados Unidos. Las empresas rivales compraron copias de los aparatos de Edison realizados en Europa y los transportaban usándolos en Norteamérica. Nuevamente Edison se vio inmerso en una guerra para defender los derechos de sus patentes. Este nuevo conflicto duró 10 años y acabó con el reconocimiento judicial de la patente inicial de Edison. Para terminar con el problema del robo de patentes, uno de los inversores de la compañía, llamado Jeremiah J. Kennedy, propuso la creación de un cártel que se hiciera con todos los derechos para producción, venta y alquiler de películas. Los acuerdos se adoptaron en una reunión celebrada en la biblioteca de West Orange y allí nació la Motion Picture Patent Corporation, en la que se integraron ocho sociedades cinematográficas que reconocían los derechos de la patente de Edison y establecieron el cobro de un canon a las salas de proyección a las que distribuían sus películas para hacer frente al pago de los derechos de patente. Un grupo de productores no asociados a esta sociedad creó paralelamente la General Film Corporation que fue disuelta en 1917, por decisión judicial, al no poder hacer frente al pago de todos los atrasos que debía en conceptos de derecho de patente a Edison.

Gracias a los ingresos que obtenía de la Motion Picture Patent Corporation pudo mantener la fábrica de baterías eléctricas pese al fracaso inicial de su modelo E. Nuevos hechos vinieron a dificultar más su trabajo en el campo de los automóviles. Por un lado Edison no encontraba solución a los fallos de la batería; por otro, las factorías Ford y Rolls Royce habían mejorado considerablemente los motores de explosión de gasolina y habían logrado reducir los precios, haciendo del automóvil un medio de transporte en expansión.

Por si todo esto fuese poco la fábrica de fonógrafos de Edison había visto su producción muy reducida frente a la competencia de Berliner y su factoría Victor Talking Machine, que había popularizado los discos de vinilo que prefería el consumidor antes que los cilindros que utilizaban los aparatos diseñados por Edison, todo ello pese a que el año anterior, 1906, tuviera que publicar comunicados de prensa ante la imposibilidad de atender la demanda creciente que llegó a ser de 2.000.000 de cilindros de cera. Edison se daba cuenta de que Berliner vendía más grabaciones que su empresa, ya que, según sus informes dejaban claro, se debía al empleo de discos en lugar de cilindros. A pesar de ello decidió mejorar los cilindros en lugar de cambiar el sistema. En 1908 sacaba al mercado unos cilindros perfeccionados de mayor duración llamados Amberol y, tres años más tarde, un nuevo modelo de fonógrafo que permitía el aumento del volumen y su uso en grandes superficies ante un auditorio abundante. Finalmente en 1912, cuando Edison tenía 65 años, decidió fabricar discos para las grabaciones sonoras. Como era habitual en él no se conformó con los modelos existentes e ideó un nuevo material que reducía los ruidos de fricción de la aguja mejorando considerablemente la calidad de la reproducción.

Una vez recuperado el negocio de los fonógrafos con la adaptación de sus fábricas al nuevo modelo de reproducción de discos giratorios, volvió a uno de sus antiguos proyectos: la mejora de la sincronización entre la imagen y el sonido en las reproducciones cinematográficas. Para ello confeccionó un fonógrafo, Alberol, que podía variar su velocidad para adaptarla a la de la imagen de manera que corriesen casi simultáneamente. El problema era que rara vez ocurría esto y los técnicos de las proyecciones debían regular la velocidad del Alberol manualmente mediante un cordel. Este tipo de proyecciones podía alcanzar una duración máxima de 14 minutos, ya que venían limitadas por la duración de los discos sonoros. En 1914 se desechó el sistema porque las mejoras en el cine mudo habían logrado que pudieran realizarse sesiones de hasta una hora.

Nuevamente otras investigaciones apartaron a Edison de sus estudios sobre la sincronización de imagen y sonido. En este caso se trató de dos nuevas patentes: el edífono, que fue el primer dictáfono especialmente creado para su uso en oficinas y el telescribe, que era un aparato que permitía grabar conversaciones telefónicas.

Como era costumbre en su forma de trabajar, solapando unos proyectos con otros, mientras se dedicaba al desarrollo de la fonografía también lo hacía con la industria de la automoción. Edison logró solucionar el problema de las baterías inyectando copos de níquel que sustituyeran el grafito en los acumuladores. Esta mejora le permitió iniciar la producción de las nuevas baterías en 1910, que llevarían el nombre de modelo A. Para su investigación, Edison había gastado 1.000.000 de dólares de su fortuna personal, la misma cantidad que la Edison Storage Battery Company ingresó durante el primer año de venta de las primeras baterías. Este nuevo modelo permitía a sus vehículos rodar 95 km diarios y para su recarga solamente se empleaban 7 horas. Pero el mayor éxito cosechado por el nuevo modelo era su ausencia total de ruido y de contaminación. La nueva batería seguía teniendo una serie de defectos que Edison empezó a investigar con vista a su superación. Entre ellos destacaba su bajo rendimiento en condiciones climáticas frías, la imposibilidad de adaptarla a trenes y tranvías y la necesidad de acoplar varias baterías para bajar la tensión, con lo que se incrementaba considerablemente el peso. No obstante las mejoras, éstas quedaron en desuso para la automoción pero sí empezaron a usarse como medio de alimentación para las señales ferro-

140

viarias y para la iluminación en las minas, entre otras, utilidades éstas que se siguen aplicando en la actualidad.

Cuando a Edison empezaban a irle bien las cosas su forma de ser le impelía a abrirse a nuevas aventuras. Por eso, una vez encauzado el problema de las baterías y asegurado el negocio de la productora cinematográfica, se dedicó a un campo totalmente nuevo de la investigación: la producción de cemento y hormigón armado. Una inversión realizada unos años antes le había llevado a comprar unos terrenos en Pennsylvania en los que se había encontrado un subsuelo rico en materiales calcáreos. Todavía existía la antigua factoría de extracción de hierro en Odgensburg, a pesar de llevar cerrada ocho años, en la que se encontraba toda la maquinaria. Ésta fue trasladada a las nuevas instalaciones de la Edison Porland Cement Company, fundada en 1900, usando así los grandes cilindros que en su día trituraban piedra. Para la fabricación de cemento usó aquellas maquinas además de los grandes hornos que había creado en 1907 y que producían un cemento de mejor calidad que el de otros hornos convencionales, lo cual hizo que tuvieran una importante demanda por parte de los constructores de la época. Pronto empezó a darle utilidad práctica al cemento que fabricaba. Decidió sustituir los edificios de madera que había en West Orange por unos construidos con hormigón armado, ya que los primeros, al ser de madera, corrían un alto riesgo de incendio. Además, con la finalidad de darle un enfoque comercial a su producción, inventó un tipo de cemento llamado hormigón líquido que era mucho más barato que el normal. Con éste hizo construir las casas para sus trabajadores a muy bajo coste. No obtuvo la acogida que él esperaba ya que los expertos en construcción pensaron que aquél cemento tendría poca consistencia y no permanecería sólido. Para paliar este problema, Edison añadió a la mezcla una sustancia que evitara que la masa pudiera deshacerse. Algunas de aquellas casas que construyó con ese material siguen estando habitadas hoy día. Pese a que su sistema de construcción de casas prefabricadas no mostró ninguno de los problemas que los expertos le auguraban, finalmente tuvo que abandonar el proyecto.

IV. LA CONSOLIDACIÓN EMPRESARIAL DE EDISON

La crisis financiera de Edison tras la quiebra de la factoría de Odgensburg pudo considerarse totalmente superada a partir de 1911, cuando tomó la decisión de unificar todas sus fábricas bajo una única denominación comercial, creando la Thomas A. Edison Incorporated. Tres años después incorporó a su gran imperio industrial la fábrica de hormigón de Valley Road, que contaba con más de 3.500 empleados y constituía una de las factorías más importantes de Estados Unidos. Por aquel entonces, el grupo empresarial consolidado agrupaba a más de 30 empresas y facturaba en torno a los 25.000.000 de dólares anuales. Su modelo empresarial estaba inspirado en la antigua organización de los talleres y no incorporó las modificaciones de trabajo especializado o en cadena desarrolladas por su amigo Ford o el economista Taylor. Éste había ideado un método de trabajo conocido como el taylorismo, que buscaba el mayor rendimiento en la producción empleando la menor cantidad de mano de obra posible. Para ello planteaba la necesidad de un trabajo coordinado y en cadena con obreros muy especializados que se encargaban de una mínima parte del resultado final. Este sistema se probó con gran éxito en la factoría de automóviles Ford, logrando duplicar la producción sin emplear a más trabajadores y reduciéndole a cada uno una hora en su jornada laboral. Como contrapartida, el taylorismo obligaba a los obreros a trabajar de manera rutinaria y a perder gran parte de sus posibilidades de prosperar dentro de la empresa.

Edison, frente a este innovador sistema, prefería una forma de trabajo más tradicional en la que los trabajadores tomaban parte en diferentes secuencias de la producción, incluso conocía a gran parte de sus empleados por sus nombres y éstos le manifestaban un aprecio considerable. Prueba del éxito de Edison en su relación con sus subordinados, es que mantuvo varios empleados que habían sido contratados en sus inicios de Menlo Park y en los períodos de crisis no le planteaban reivindicaciones cuando se producían despidos e incluso, algunos de ellos solicitaban bajas temporales para disminuir los gastos de la empresa. Muestra de todo ello fue que cuando se inició la Primera Guerra Mundial, sus factorías apenas vivieron protestas por la remodelación ocasionada por el conflicto.

En la cuestión laboral, Edison presentó siempre una gran coherencia ya que jamás exigió a ninguno de sus trabajadores que dedicase más tiempo a trabajar que él. Desde la creación de la Thomas A. Edison Incorporated, se produjeron dos constantes en la actividad empresarial de Edison, por un lado no cedió ninguna competencia y dirigió personalmente todas sus empresas y por otro lado no repartió jamás dividendos entre sus socios, ya que la mayoría de los beneficios eran reinvertidos automáticamente en investigación y desarrollo destinados a nuevos proyectos de los que directamente nacían nuevas empresas que se adherían a la matriz.

A Edison parecía irle muy bien su imperio empresarial hasta que en las últimas horas del 9 de diciembre de 1914, una de las pocas construcciones de West Orange, que todavía era de madera y era usada como almacén de películas y productos químicos, ardió por causas desconocidas, propagándose el incendio al resto de los edificios del complejo. Aquellos construidos en hormigón permanecieron en pie pero su interior quedó totalmente destrozado. Lo que para muchos hubiera supuesto el fin de su aventura empresarial, para Edison supuso un acicate para reemprenderla de nuevo. Cuando todavía estaban vivas las llamas del incendio, comentó a su hijo Charles: *Bueno... tampoco es tan grave. Gracias a esto conseguiremos deshacernos de un montón de basura vieja.* Dicho y hecho, tras el desescombro en el que él mismo participó activamente, alquiló una serie de locales donde albergar aquellas máquinas que se salvaron para poder seguir trabajando con ellas. Solicitó préstamos que le fueron concedidos gracias a las facturas que tenía pendientes de cobro a sus distribuidores. Su amigo Henry Ford se apresuró a prestarle tres cuartos de millón de dólares a devolver sin intereses y a las tres semanas del incendio las factorías de Edison volvían a producir a pleno rendimiento.

Llegados a 1914, Edison, que a la sazón tenía 67 años de edad, empezó a delegar en sus hijos funciones directivas e incluso de investigación dentro de sus empresas. Su obsesión por el trabajo le había hecho descuidar su relación familiar y jamás se había preocupado por su importante repercusión social. Había llegado el momento de disfrutar de la consideración que le profesaban sus contemporáneos, por eso, durante la Primera Guerra Mundial y hasta su muerte, empleó más tiempo en hacerse presente en la vida social y cultural.

El hecho de alejarse parcialmente de los negocios le hizo tener más tiempo de dedicación a su familia. Hasta entonces su segunda mujer, al igual que Mary, había respetado el trabajo de su marido y voluntariamente se había retirado a un discreto segundo plano, ocupándose de la administración familiar y de las necesidades de Edison. Su rutina de trabajo le había hecho desatender a su familia en lo afectivo aunque jamás consintió que tuvieran carencias de tipo económico. Ahora las cosas habían cambiado. Dormía todos las noches en casa, se despedía de su mujer por las mañanas y al atardecer paseaban por los jardines de su casa comentando los asuntos domésticos.

La relación con sus hijos era muy variada. De su primer matrimonio nacieron tres hijos, Thomas, William y Marion. Con ellos tuvo poca relación a raíz de la muerte de su mujer, ya que su labor investigadora en su momento más álgido no le permitió dedicarse a ellos.

Thomas, su hijo mayor, quiso estudiar en la universidad hasta que Edison le convenció de lo contrario. Desde ese momento el chico empezó a distanciarse de su padre dedicándose a entretenimientos frívolos. Con motivo de su alcoholismo no se dio cuenta de que estaba relacionándose con gente poco ética, tal como empresarios que se acercaban a él con la finalidad de aprovechar su nombre para promocionar descabelladas aventuras empresariales. Con tal fin le convencieron para crear una empresa llamada Thomas A. Edison Junior Electric Company que vendía aparatos capaces de fotografiar el pensamiento. Cuando esta empresa quebró, volvió a las andadas con la Edison Junior Chemical Company, que comercializó un aparato llamado vitalizador eléctrico capaz de sanar cualquier tipo de enfermedad. Edison padre, aconsejado por sus asesores legales, le retiró de su herencia no sin antes suministrarle un porvenir decente empleándole en su empresa. Tras la muerte de su padre, cuando contaba 60 años, Thomas Junior se suicidó en 1936 al no poder superar una enfermad crónica que padecía desde hacía muchos años.

Su hija Marion, como ya hemos comentado anteriormente, no guardaba buenas relaciones con su madrastra, por eso, una vez acabados sus estudios en Europa, hizo allí su vida casándose con un oficial del ejército alemán del que se divorciaría tras la Primera Guerra Mundial, volviendo a la casa de su padre para ocuparse de cuestiones familiares y donde entabló una relación muy estrecha con sus hermanastros pequeños.

El hijo pequeño de su primer matrimonio, William Leslie, tenía una personalidad aventurera que le llevó a interesarse por la vida militar. A la vez, su carácter mujeriego le hizo vivir otro tipo de aventuras. Su primera actuación militar se desarrolló en la guerra Hispano Norteamericana en 1898. Tras el conflicto siguió en el ejército hasta que lo abandonó en 1918 para dedicarse al mundo de los negocios, donde fracasó y pasó a comprar propiedades agrarias en Nueva Jersey. La relación con su padre nunca fue buena y su conflicto duró hasta después de la muerte de éste, ya que llegó a impugnar su testamento. William, moriría en 1941 alejado del resto de su familia.

De su segundo matrimonio nacieron otros tres hijos, Charles, Theodore y Madelaine. Charles desde muy joven sintió admiración por el trabajo de su padre, al que solía acompañar al laboratorio para ayudarle aunque fuera limpiando botellas. Sabedor de la animadversión que sentía su padre hacia la ciencia teórica, optó por adquirir conocimientos técnicos estudiando en el Massachussets Institute of Technology, de donde salió para trabajar, a partir de 1914, en las diferentes empresas de su padre. 14 años después, y tras la jubilación de éste, fue nombrado presidente de la Thomas A. Edison Incorporated. Charles mostró siempre una gran inquietud cultural, llegando a publicar sonetos y baladas en pequeñas revistas culturales.

El segundo hijo varón, Theodore, también se interesó por el estudio y tras su paso el Instituto Tecnológico de Massachussets, decidió ampliar sus estudios en la rama de física, a lo que se opuso su padre. Theodore era muy parecido a su padre, sobre todo por su tozudez, y llegó a plantearle un ultimátum al decirle que o estudiaba o se iba de casa. Para evitarlo, Edison se ablandó y llegó a construirle un pequeño laboratorio de física en los terrenos de West Orange. Su formación fue tan sólida que acabó siendo el director técnico de los laboratorios de la empresa familiar.

Madelaine fue, quizá, la hija que menos problemas dio al matrimonio. Estudió en un colegio para señoritas, el Bryn

Mawr Collage, donde recibió una esmerada educación. Terminó casándose, en 1914, con John Eyre Sloane viviendo en Nueva Jersey dedicada a su familia.

V. RECONOCIMIENTO SOCIAL

Los comienzos del s. XX, supusieron para Estados Unidos la entrada de la Edad Eléctrica, a pesar de que, a pequeña escala, ya se venía usando la electricidad para distintos usos tanto domésticos como industriales. Eran años en los que se presenciaba el avance de la electricidad y suponía una nueva etapa. La corriente eléctrica llegaba a todos los rincones del país con gran facilidad, la iluminación empezó a estar presente en todos los hogares, sustituyendo a las lámparas de gas que se venían usando. Los motores eléctricos revolucionaron el trabajo, aumentando muy considerablemente la eficacia en la industria. En este ambiente revolucionario, Edison era extensamente considerado como el máximo impulsor y responsable de los citados avances, hasta el punto de convertirse en vida en un personaje histórico representando, su persona, al héroe popular de Norteamérica de aquél entonces.

Ya cuando Edison estuvo en Europa tuvo ocasión de comprobar el éxito y la importancia social que su figura representaba. En Estados Unidos se puso de manifiesto la gran admiración que la sociedad sentía por Edison cuando el 11 de febrero de 1904, con motivo de su 57 cumpleaños, el Instituto Americano de Ingenieros Electricistas, le hizo un homenaje en uno de los hoteles más importantes de Nueva York, el Waldorf-Astoria, al que asistieron más de 500 personas. Hubo una gran competencia y afán de superación entre aquellas personas que dedicaron unas palabras de elogio al inventor. Estos homenajes se repitieron sucesivamente hasta el día de su muerte, cosa que a Edison le satisfacía enormemente. Semanas después de su homenaje tuvo lugar la Exposición Mundial de St. Louis. En ella, era el más importante de los pabellones el Palacio de la Electricidad, que daba a conocer a los visitantes que la electricidad iba a cambiarles la vida y hacérsela más fácil. Además, la gran exposición coincidía con el 25 aniversario de la bombilla con filamento de carbón y también de las centrales eléctricas. También este aniversario recibió en la exposición su bien merecido homenaje por parte de la Edison Association exhibiendo las primeras lámparas incandescentes.

El reconocimiento de Edison por parte de toda la sociedad como el eje central de la Edad Eléctrica, hizo que, a partir de entonces, Edison estuviera presente constantemente en la prensa, dirigiéndose a él como *el hombre más grande del mundo* o *el ciudadano más útil*. Edison era un destacadísimo hombre de ciencia cuyo carácter corriente y humilde le hacía atraer incondicionalmente a las masas. Muchas de las compañías dedicadas a la electricidad le tenían considerado como una especie de patrón. Pero no sólo repercutía en el ambiente industrial, era convocado a muchas reuniones de diferentes ramas e incluso llegó a participar en coloquios en los que se hablaba de temas variados y muy diferentes al ámbito de su especialidad. Así opinaba sobre temas de religión, medicina, educación, la guerra, la mujer moderna. Cuando le preguntaban, por ejemplo, acerca de la existencia de Dios contestaba que para él un Dios corpóreo no era nada. Estaba en contra de las creencias basadas en abstracciones. Reacción normal en un hombre que se había pasado toda su vida en busca de pruebas y obteniendo, mediante este método, resultados satisfactorios. Todas estas manifiestas opiniones de Edison hicieron que gran parte de la sociedad estuviera en su contra. En los púlpitos de las iglesias se criticaba su forma de pensar. Era tal el desagrado colectivo, que constantemente recibía cartas de diferentes personas, unos, gente relacionada con la industria eléctrica, pidiéndole por favor que cesara en sus críticas ya que la gente podría reaccionar en contra de él y del sector de la electricidad. Otras personas le escri-

Edificio del New York Herald, fotografía de 1900.

bían cartas pidiéndole simplemente que no se metiera más con su Dios. Él seguía defendiendo su especial manera de pensar:

Las críticas que han sido lanzadas contra mí no me preocupan. Un hombre no puede controlar sus creencias… yo intento solamente decir lo que honradamente creo que es verdad… Nunca he visto la más ligera prueba científica de las teorías religiosas sobre el cielo y el infierno, la vida eterna para los hombres y la existencia de un Dios corporal… Trabajo siguiendo ciertos preceptos que tal vez puedan ser llamados mecánicos… ¡Pruebas, pruebas! Esto es lo que yo busco siempre. No conozco el alma, sólo conozco la inteligencia. Si verdaderamente existe el alma no he encontrado pruebas de ella en mis investigaciones… Por el contrario, he dado repetidamente con pruebas que confirman la existencia de la inteligencia. Yo no creo en la existencia del Dios de los teólogos, pero no me cabe duda de que existe una inteligencia suprema.

Él, se consideraba librepensador ya que desde muy pequeño había hecho lecturas sobre esta doctrina. Había leído a Thomas Paine quien mantenía que *la verdad es gobernada por las leyes de la naturaleza y no puede ser negada.* Por tanto, su manera de actuar frente a la vida la resume las palabras que le dedicó al autor diciendo: *El mundo es mi patria y practicar el bien mi religión.*

Su esposa Mina era contraria a la opinión de su marido ya que tenía arraigadas convicciones de la existencia de Dios. Tanto era así, que colaboraba mediante donativos con la Iglesia metodista para la construcción de una capilla en East Orange. Sus diferencias de opinión hicieron, al matrimonio, adoptar un acuerdo mediante el cual no hablarían de religión.

Pocos años después, en los años 20, evolucionó levemente en sus opiniones en lo relacionado con la vida después de la muerte. Coincidía con el interés despertado por las doctrinas espiritistas de sir Oliver Lodge. A raíz de estas doctrinas Edison manifestaba que las células humanas estaban dotadas de inteligencia y que su conjunto formaban un ente superior inteligente. Para explicar su versión de la continuidad de la vida, decía que cuando algunas de estas células morían otras las regeneraban. Llegó a demostrarlo empíricamente cuando se quemó un dedo pulgar observando a los pocos días la regeneración de la piel ya que las otras células «inteligentes» del organismo lo reconstruyeron.

En esta línea intentó comprobar la existencia de la vida después de la muerte ideando un sistema de comunicación con otros seres del Universo. La prensa calificó en sus titulares esta descabellada hazaña con los titulares: ¡*Edison ocupado en averiguar cómo comunicarse con el otro mundo!* Evidentemente, fracasó en el intento. Esta forma de pensar y actuar de Edison chocaba con la de su íntimo amigo Henry Ford, quien irónicamente, hizo una interpretación de lo que Edison venía haciendo: *La cosa más grande que ha ocurrido en los últimos cincuenta años es la conclusión a que ha llegado el señor Edison de que existe una vida futura para todos nosotros.* En todo este entramado de críticas algo había de provocador en Edison, a quien le gustaba suscitar la polémica con este asunto.

Otros de los temas que le preguntaban a Edison en los coloquios era acerca de la economía en un momento conflictivo acerca del patrón oro. Edison se manifestaba abiertamente en contra de este patrón en cuanto a que carecía de valor real y se inclinaba más por el dólar financiero. Más aún, para él, el patrón oro era un herramienta engañosa utilizada por los cambistas, usureros y banqueros privados para enriquecerse.

A partir del año 1910 el sistema capitalista empezó a ser atacado por parte de los socialistas. Edison participaba en coloquios relacionados con esto. Era defensor del capitalismo. Para él no era más que riqueza heredada de generación en generación. Ésta, a su vez, debería ser controlada por alguien con el fin de satisfacer las necesidades de la sociedad en pro del bienestar de la humanidad, no para que unos pocos se enriquecieran haciendo acumulaciones ingentes de dinero sin invertir en empresas que a su vez generasen más riqueza.

Cuando oía de los socialistas que los trabajadores eran *esclavos a sueldo* él contestaba: *la esclavitud humana no sería abolida hasta que todos los trabajos que ahora son hechos por la mano del hombre puedan ser efectuados por máquinas.*

Siguiendo con las consultas que los reporteros le hacían allá por el año 1911, le pidieron su opinión acerca del sistema educativo académico que se estaba empleando. La opinión de un autodidacto como Edison era de esperar. Además él había demostrado a lo largo de su vida su aversión a los universitarios cuando en un principio rehuía de ellos a la hora de contratarlos. En el aprendizaje él se basaba en la práctica y no en la teoría. Por lo tanto se mostraba en desacuerdo hacia el método utilizado con el que se obligaba a los alumnos a memorizar las lecciones. La mejor forma de aprender era implicándose directamente en los procesos de la naturaleza. Mostraba como modelo de aprendizaje el método Montessori:

A mí me gusta el método Montessori. Enseña por medio de juegos. Hace que se aprenda con placer. Sigue los instintos naturales del ser humano.

El sistema actual forma el cerebro como si se hiciera en un molde. No conduce a las ideas originales o al razonamiento… Lo que tiene más importancia es ver la formación de las cosas.

Justo en estos momento estaban de moda los tests de inteligencia, por lo que Edison ideó un test llamado «ignoramómetro» para medir la capacidad intelectual de los aspirantes a puestos de sus empresas a los que entrevistaba. Así comprobó cómo habiendo entrevistado a 718 hombres que habían sido instruidos en escuelas y universidades, sólo un 10% de éstos lo pasaban satisfactoriamente. Con lo cual pudo comprobar

154

que valía mucho más el aprendizaje práctico que el basado en conocimientos teóricos. Dado el revuelo que se produjo, los periodistas le propusieron someterse a uno de estos tests, a lo que el aceptó contestando: *Nunca he dado a otro hombre una dosis de medicina que yo no sea capaz de tomar.* El resultado de la prueba fue un 95% de preguntas acertadas.

Para mejorar el sistema educativo propuso una técnica de enseñanza en las escuelas consistente en introducir películas educativas, infundiendo todo tipo de conocimientos y sirviendo así de acicate para los niños a la hora de ir a la escuela. Los asistentes que acudieron al laboratorio de Edison a ver la prueba de la película educativa no se mostraron muy receptivos ante esta idea, ya que planteaba dudas acerca de cómo enseñar, mediante este método, asignaturas como el álgebra, a lo que Edison contestó diciendo que el álgebra para él no tenía ninguna utilidad. También preguntaban curiosos cómo podría mostrar en una película las máquinas de vapor, si el vapor no era visible. Edison les planteó la solución práctica de añadir a ese vapor amoníaco y ácido sulfúrico para que éste se hiciera visible. Con sus valoraciones negativas acerca del sistema educativo de aquel momento, Edison fue bastante atrevido, teniendo cuenta el fracaso escolar que habían sufrido sus dos hijos mayores habiendo seguido los consejos de su padre de no estudiar en la universidad.

En algunas de sus apariciones en público y entrevistas, cuando le preguntaban sobre las causas de su éxito, Edison dejaba de manifiesto su lema: *Trabajar, obtener los secretos de la naturaleza y utilizarlos para la felicidad del hombre.* Respecto al trabajo, mantenía los principios puritanos, posible herencia de su madre quien perteneció a la doctrina calvinista. Se había dedicado a trabajar, en muchas ocasiones sin descanso, llegando a pasar más de 16 horas diarias en su laboratorio. Sólo descansaba cuatro horas al día. A la edad de 75 años, su mujer consiguió que redujera su jornada y dedicara más tiempo a la vida familiar. La experiencia demostró que para él el trabajo era la forma de conseguir lo que quisiera. No le gustaba estar ocioso, siempre tenía que estar imbuido en alguna ocupación e incluso dedicaba poco tiempo a la alimentación, aconsejando a los demás que era más saludable comer pocas cantidades. A pesar de su aspecto robusto nunca hizo ejercicio ya que mantenía que su cuerpo únicamente le servía para portar su cerebro.

Cuando en 1914 empezó la Primera Guerra Mundial, Edison, al igual que su amigo Henry Ford, era un firme defensor de la neutralidad estadounidense ya que consideraban que una guerra era el peor de los males que podía afectar a la humanidad, así como una fuente de retrocesos económicos. Edison siempre había defendido que su misión en esta vida era hacer felices a los demás ayudándoles a llevar una vida más confortable y que no quería tener nada que ver con una guerra y mucho menos con desarrollar aparatos que sirvieran para matar. Un año después, Edison cambió radicalmente de postura respecto a la guerra cuando en mayo de 1915 el trasatlántico *S. S. Lusitania* fue hundido por un submarino alemán causando la muerte de muchos ciudadanos norteamericanos. Desde ese momento decidió que su postura sería la de dotar al ejército norteamericano de utensilios que les ayudasen a defenderse. Poco después, el secretario de estado de Marina, J. Daniels le encargó, el 7 de julio de 1915, la formación de un comité de expertos científicos que ayudasen a la marina a mejorar sus técnicas y equipamientos. La primera reunión de este comité tuvo lugar en octubre y Edison fue aclamado como presidente. Pronto se daría cuenta de lo difícil que sería para el comité científico conseguir que los militares les tomasen en serio. Durante el primer año, el único acto que desarrollaron como miembros del comité fue un paseo a bordo del *S. S. Mayflower*. Los componentes de este grupo se habían tomado muy en serio su trabajo y habían propuesto gran cantidad de inventos que mejoraban considerablemente la capacidad defensiva de la Marina norteamericana. Sin embargo, cada uno de éstos fue automáticamente archivado en el Ministerio de la Marina y no llegaron a ponerse en práctica.

En otro orden de cosas, la guerra supuso una serie de complicaciones para las factorías de Thomas A. Edison. Pronto sus reservas de materiales químicos empezaron a disminuir y a agotarse. Esto se debió a que la mayoría de estos productos eran importados, traídos desde Alemania y Gran Bretaña. Para solucionar sus problemas de abastecimiento volvió a actuar como había hecho hasta aquél momento: abrió sus propias explotaciones mineras para suministrarse los productos necesarios. Esta iniciativa fue mucho más provechosa de lo que en un principio había imaginado ya que no sólo se autoabastecía de productos como benzol, anilina, acetanilida, bencidina, fenol y otros, además pronto empezó a recibir encargos de la mayoría de las empresas norteamericanas que, como él, antes de la guerra importaban desde Europa estos productos.

Llegados a este punto convendría hacer una breve sinopsis del desarrollo de la Primera Guerra Mundial y la forma en que ésta afectó a los Estados Unidos. En 1914 el archiduque Francisco José de Austria-Hungría caía asesinado en Sarajevo a manos de un estudiante servio nacionalista. El movimiento servio pretendía la independencia de ese territorio balcánico controlado por el imperio centroeuropeo. Austria exigió a Servia que le permitiese realizar la investigación del crimen y que pudiera, para ello, actuar libremente su policía en el territorio servio, amenazando con una invasión en caso de no aceptar el ultimátum. Cuando la exigencia fue rechazada Austria-Hungría invadió Servia. Rusia, que tenía unos acuerdos defensivos con Servia, declaró la guerra a Austria. Alemania, por su parte, se había comprometido a defender a Austria de ataques de terceras potencias y declaró la guerra a Rusia. Por si esto fuera poco, el complejo sistema de alianzas europeo existente desde la época de Bismarck, había dejado como herencia un apoyo incondicional de Gran Bretaña a Rusia, y ésta se vio obligada a declarar la guerra a

Alemania. En dos semanas todo el centro y Este de Europa se encontraba en guerra. Poco después Turquía e Italia se sumarían al conflicto. En este panorama internacional la sociedad y los miembros de gobierno norteamericano, se encontraban divididos entre los partidarios de intervenir a favor de Inglaterra y quienes preferían mantenerse neutrales y financiar, desde esa neutralidad, la guerra a los Estados beligerantes para obtener beneficios económicos con los intereses de las deudas contraídas. Ambos sectores fueron muy activos entre 1914 y 1917. Todo parecía señalar que Estados Unidos entraría en guerra tras el hundimiento del Lusitania, pero finalmente se optó por permanecer neutrales iniciando una campaña de rearme de su ejército por lo que pudiera pasar. La guerra permaneció en un empate durante los años 1915 y 1916 con cierto predominio marítimo del ejército alemán. En febrero de 1917, el Zar ruso Nicolás II fue derrocado y sustituido por un gobierno liberal y socialdemócrata presidido por Kerensky. Pese a las presiones de los sectores más izquierdistas del gobierno, optó por mantener a Rusia dentro del conflicto. Gracias a eso, Estados Unidos decidió no intervenir pero aceleró su rearme. Finalmente, en octubre de 1917, el partido bolchevique liderado por Lenin y Trosky derrocó y asesinó al gobierno reformista de Kerensy estableciendo un gobierno revolucionario basado en los soviets. Rusia que pasó a llamarse R. S. F. S. R. (República Socialista Federativa Soviética Rusa) decidió la retirada inmediata de la guerra, previo asesinato de todos los militares que se negaban a ello. Estados Unidos veía que Gran Bretaña no podía hacer frente a los imperios centrales con el único apoyo de Italia y otra serie de Estados menores. Si Alemania y Austria ganaban la guerra tendrían problemas para recuperar los créditos de guerra que habían concedido, corriendo el riesgo de una recesión económica. Alegando el hundimiento del *Lusitania* y la muerte de civiles americanos dos años antes, decidieron declarar la guerra a los imperios centrales. La entrada de Estados Unidos en la guerra, supuso el giro definitivo de ésta en beneficio de los países aliados.

Mientras todo esto ocurría en Europa la vida de Edison daba un giro importante sobre todo a raíz del desfile militar que presidió el 15 de mayo de 1916 en el que se pedía abiertamente la entrada de Estados Unidos en la guerra. Desde ese momento, convencido de que su misión estaba en mejorar la seguridad de las tropas estadounidenses, dejó sus empresas en manos de sus colaboradores y se empleó en la difícil tarea de mejorar los sistemas de defensa de los buques de guerra. Era consciente de que la principal amenaza de éstos eran los U-boote, los submarinos alemanes rápidos y fáciles de maniobrar que no podían ser detectados y estaban causando estragos en la navegación inglesa en las aguas del Atlántico. Creó redes antitorpedo, sistemas de amortiguación de colisiones, sistemas que mejoraban las maniobras de los barcos, y realizó las primeras pruebas para crear aparatos que detectasen a los submarinos por el ruido. Su amplia labor fue ignorada por las autoridades lo que supuso para Edison motivo de amarga queja: *durante la guerra desarrollé unos cuarenta y cinco inventos muy interesantes, pero a todos les dieron largas. Los oficiales de la Marina ven con malos ojos la intromisión de civiles en sus asuntos. Estos chicos forman una sociedad muy exclusiva.* Además de estos inventos, Edison recomendó y organizó un laboratorio de estudios sobre la Marina que permitiese la mejora de las técnicas y armamento. Su proposición fue aceptada pero no logró que fuera dirigido por un científico civil. Los sucesivos encontronazos de Edison con las autoridades militares hicieron que guardase cierta animadversión a todo lo referente al ejército. Por eso no es de extrañar que en 1920 rechazase la medalla al mérito militar que el secretario de Estado, Daniels, pretendía imponerle.

Acabada la guerra, Edison preveía una etapa de recesión y reajuste económico que pasaba por el despido de algunos trabajadores y el cierre de las factorías de productos químicos construidas en los primeros meses de la guerra. En aquel contexto surgió entre Edison y su hijo Charles, una fuerte discusión. El hijo estaba encargado del departamento de personal. Edison lo primero que hizo después de la guerra fue hacer desaparecer dicho departamento y, a pesar de los muchos despidos que se vio a obligado a realizar, conservó en sus fábricas a sus antiguos colaboradores aunque, según su hijo Charles, no eran productivos. Además, a Charles le indignaban las condiciones en las que trabajaban sus empleados y criticaba que después de estar más de doce horas diarias trabajando, se gastaban el poco dinero que ganaban emborrachándose. Afortunadamente, Charles sentía gran respeto y admiración por su padre por lo que terminaron reconciliándose.

Fue muy importante en la vida de Edison contar con la amistad íntima de su amigo Henry Ford, pero lo fue más importante para Ford, ya que Edison le había guiado en momentos de dudas con sus negocios. Antes de conocerle ya sentía admiración por él, por eso cuando se encontraba en un proceso judicial, en 1909, acerca de la patente de los motores Selden, no dudó en acudir al laboratorio de Edison para pedirle consejo. La producción de Ford para el nuevo modelo T estaba parada hasta que finalizase el juicio y pudiera ser capaz de desafiar al cártel de constructores de Detroit. Impaciente por empezar a producir sus nuevos coches, Ford planteó dos posibilidades: podía llegar a un acuerdo con sus rivales y crear una asociación mercantil de fabricantes de automóviles o bien acabar el proceso judicial y hacerse con los derechos de montaje de los motores ignorando a la competencia. Edison, que ya había usado la primera de las opciones cuando creó la General Electric Light Company, le hizo ver que era la peor de las opciones. Afortunadamente Henry Ford le hizo caso y en 1914 pudo sacar el modelo Ford T. Este automóvil se convirtió en el más popular de la década de los 10 y los 20 y fue el primer automóvil de la historia que superó el millón de unidades vendidas.

La relación entre Edison y Ford comenzó en los tiempos en los que el magnate de la industria automovilística no era sino un ingeniero empleado en una de las centrales eléctricas que la Edison Company tenía en Detroit y se dedicaba a construir automóviles en sus ratos libres. Corría el año 1897 y Edison le dio el que sería el primero de una larga serie de consejos: el futuro de la industria automovilística estaba en los motores de gasolina. Dos años después, Ford abandonaría la empresa de Edison para fundar su primera fábrica de automóviles, creando lo que sería el inicio de la casa Ford. A partir de ese momento sus vidas transcurrieron separadas hasta que volvieron a entrar en contacto a raíz del proceso en torno a los motores Selden en 1909. El consejo que le dio Edison resultaría muy acertado ya que en 1911 ganó el proceso, triunfó con el modelo T y, tres años más tarde, se convertía en uno de los empresarios más conocidos del mundo al establecer, de forma pionera, un salario mínimo para sus trabajadores que se situaba en 5 dólares diarios, justo el doble de lo que venía pagando su amigo Edison. Desde ese momento empezarían una relación no sólo de amistad sino en el terreno profesional, que fue considerablemente beneficiosa para Edison ya que Ford jamás entró en competencia con él e hizo todo lo posible por encargar a sus factorías componentes para sus coches. El famoso modelo T incorporaba todos sus elementos eléctricos fabricados por las factorías de Edison, obligó a sus ingenieros a adaptar sus motores eléctricos a las baterías de níquel fabricadas por Edison, aunque finalmente tuvo que cambiar su criterio al no ser aptas para funcionar como motor de arranque. Le adelantó pagos sobre componentes que debía desarrollar Edison, incluso antes de que éste empezase la investigación, le encargó el diseño de los faros y del encendido eléctrico para sustituir a la manivela en el arrancado de los coches.

Ambos empresarios tenían en común su origen humilde, su triunfo en la vida gracias al esfuerzo personal, la preocupación por crear inventos que mejorasen la vida de los demás, una preocupación por los asuntos de su tiempo y, ambos, habían logrado triunfar y ser famosos gracias al éxito en sus empresas. Por otro lado, se puede afirmar que Ford y Edison se complementaban en el ámbito intelectual. El inventor era una persona con amplia cultura, un criterio bien formado y gran conocedor de la realidad, sus críticas, consejos y opiniones solían estar firmemente fundadas. El fabricante de coches carecía del bagaje cultural de Edison, del que se nutría a la hora de forjarse opiniones. El primer desacuerdo entre ambos lo constituyó el giro que dio Edison, mediada la Primera Guerra Mundial, al defender la intervención norteamericana. Ford defendía firmemente la neutralidad y ambos fueron tentados de convencerse mutuamente. Afortunadamente para ambos, su amistad era tan fuerte que duraría hasta la muerte de Edison, algo más de 15 años después.

Edison, que se definía a sí mismo como hombre de pocos amigos, empezó a codearse haciendo franca amistad con los amigos de Ford. Entre estas nuevas amistades de Edison destaca el fabricante de neumáticos Harvey Firestone o el científico John Burroughs. Este grupo de amigos, motivados por la pasión que sentía Burroughs hacia la naturaleza, en sus viajes a Florida disfrutaban de los parajes que ofrecía el parque de Eversheds. Tal era su afición que llegaron a planear una serie de viajes a los que denominaron «viajes de gitanos»,que consistían en desplazamientos en automóvil pernoctando en tiendas de campaña. Estos viajes empezaron como una aventura de cuatro millonarios excéntricos acompañados de una comitiva de sirvientes. A pesar de ello, la vida que hacían en sus acampadas eran totalmente rústica. Hacían visitas a pueblos recónditos, donde eran blanco de las miradas asombradas de sus habitantes. En cierta ocasión, Ford llegó a ofenderse porque, a pesar de que a esos lugares no habían llegado la corriente eléctrica, identificaron a Edison como el hombre del fonógrafo pero nadie supo reconocer a Henry Ford. A medida que aumentaba el número de viajes, los periodistas se iban añadiendo a la comitiva, distrayendo a Edison de su deleite en medio de la naturaleza. Esta pérdida de intimidad, sumada a la muerte de Burrough, haría que en 1921 Edison dejase de participar en tales aventuras.

Tanto por diferencia de edad, como por una cuestión de respeto y admiración, Henry Ford siempre se dirigió a su amigo como señor Edison mientras que éste le llamaba por su nombre de pila. Esto no significaba falta de aprecio por parte de Edison ya que su consideración hacia de Ford era inmejorable, destacando que Ford no sólo tenía la inteligencia suficiente para desarrollar sus negocios sino que derrochaba la fantasía necesaria para alcanzar el éxito con sus innovaciones.

Los dos amigos coincidían en una cuestión fundamental que afectaba a su desarrollo profesional. Frente a las críticas que les hacían algunos de sus contemporáneos de explotadores y acaparadores, ambos, a pesar de ser enormemente ricos, se defendían frente a estas críticas, alegando que su riqueza no estaba en sus cuentas corrientes sino en sus fábricas, sus trabajadores y, sobre todo, sus productos que lograban un bien para la humanidad. Para ellos, la riqueza no estaba en lo material sino en la repercusión que para la humanidad puede tener lo material. Nunca acumularon dinero por el simple hecho de tener más dinero sino que lo invertían directamente en industrias con la finalidad de conseguir mayor comodidad. Así lo reflejaba Ford cuando decía: *Por lo que se refiere a prosperidad vamos en cabeza del mundo, debido al hecho de que contamos con un Edison. Sus invenciones han motivado millones de trabajos posteriores... Edison ha hecho más por la abolición de la pobreza que todos los reformistas y hombres de Estado.*

Esta concepción romántica de la industria y la riqueza, como hemos visto, les llevaba a despreciar el fenómeno de la especulación financiera e incluso llevó a Henry Ford, en 1920, a iniciar un enfrentamiento abierto con los financieros judíos norteamericanos, criticando desde su periódico T*he*

Dearborn Independent, la importancia que habían alcanzado los financieros judíos en la economía norteamericana, acusándoles de usureros, aprovechados, inmorales,... Como era de esperar, todo esto supuso una oleada de pleitos que acabarían con su retracción y el pago de indemnizaciones en 1922. Cuando Edison hizo un tímido intento de defender a su amigo, declarando la importancia del capital judío alemán en el desencadenamiento de la Primera Guerra Mundial, también fue acosado y se vio obligado a dar explicaciones matizando sus declaraciones.

La relación entre ambos magnates continuaría siendo muy estrecha, si bien se acentuó en el plano personal ya que Edison se fue apartando paulatinamente del mundo empresarial. En 1929, Ford sería el principal artífice del homenaje a Edison en el que se hizo coincidir su 82 cumpleaños y el cincuentenario de la lámpara de incandescencia y, cuando Edison estaba a punto de morir en 1931, fue el único de sus amigos al que llamó estando en cama.

VI.   LOS ÚLTIMOS AÑOS DE EDISON

En 1922, Edison tenía 75 años y seguía trabajando en su empresa, si bien con una serie de limitaciones impuestas por la edad. Cada vez se preocupaba más por sus investigaciones y menos por la dirección de sus fábricas. A partir de 1923 se dedicó a la mejora del fonógrafo, de las baterías y a las máquinas para el trabajo en oficinas. Criticaba los departamentos de investigación de las grandes empresas en los que todo estaba planificado y no se dejaba el más mínimo resquicio al ingenio de los investigadores, que él consideraba como una de las mayores fuentes de desarrollo. Por aquellos años, sus hijos, desde sus cargos directivos en la empresa, intentaban convencer a Edison de que las patentes con las que trabajaban sus factorías estaban muy anticuadas y era necesario actualizarse para evitar una posible quiebra. Edison se negaba a reflotar la factoría de fonógrafos con el nuevo sistema de reproducción de válvulas. Para vencer la obstinación del viejo inventor, Charles y Theodore Edison investigaron en privado e incluso contrataron al ingeniero sueco Hauffman quien debía desarrollar el nuevo producto. Cuando Edison se dio cuenta despidió a éste y mantuvo una agria discusión con sus hijos. Éstos decidieron seguir en secreto con Hauffman para intentar salvar la fábrica de fonógrafos. En 1928 lograron comercializar el nuevo fonógrafo de válvulas que mejoraba considerablemente la calidad de sonido. La mejora en los resultados de la empresa consiguió que fuera más fácil convencer a Edison de la fabricación de receptores radiofónicos. Sin embargo, este nuevo producto llegaría tarde al estar el mercado copado por sus competidores.

Desde 1927, Edison se embarcó en una nueva aventura financiada por la Ford Motor Company y la Firestone Tire and Rubber Company. Se trató de la fundación de la Edison Botanic Research Company que tenía como objetivo el buscar una nueva fuente para la obtención de caucho ante el encarecimiento de las importaciones que perjudicaba a las empresas de los tres magnates. Pese a desarrollar experimentos con diversas plantas tropicales, Edison sólo logró un caucho muy caro de obtener con el que sólo se fabricaron cuatro neumáticos, que fueron instalados simbólicamente en el Ford modelo A de Thomas Alva Edison y que fueron un regalo personal de Harvey Firestone.

Llegados a 1929, Edison llevó una vida rutinaria en la que se dedicaba a investigaciones privadas en un pequeño laboratorio que se hizo construir en su residencia de Glenmont y a recibir homenajes y condecoraciones de los más diversos países. En cierta ocasión, en el mes de diciembre de 1829, en la que le iban a entregar la medalla de John Scott, a pesar de recibir personalmente muy pocas veces este tributo, se presentó en la biblioteca donde esperaban los hombres que formaban el comité de entrega de la citada medalla. Tan habituado estaba a estas cosas que entró, vociferando, en gran parte motivo de su completa sordera: *¿Trapos, botellas, medallas viejas?* En aquella sala se encontraba uno de los hombres más fieles que le habían acompañado gran parte de su vida y que manejaba el difícil carácter de Edison, acentuado en los últimos años de su vida, a la perfección. Se trataba de W.H. Meadowcroft, su secretario personal que durante cincuenta años había permanecido a su lado. Edison le tenía un gran afecto ya que el secretario siempre había sido muy respetuoso con él. Además, tenía tan bien asumido su papel de secretario que, inconscientemente, iba al lado de Edison mur-

Puerta del Sol de Madrid iluminada con luz eléctrica, grabado de 1878 de la Ilustración Española y Americana.

167

murando muy cerca del oído, las palabras que le dirigía la gente y que él no podía oír.

Edison era muy afortunado al contar en los últimos años de su vida con gente que le admiraba y quería, como era el caso de Meadowcroft y el sobresaliente afecto que su íntimo amigo Henry Ford sentía por él. A éste se le atribuyen algunos de los actos conmemorativos que más llegaron a emocionar a Edison. Uno de estos homenajes fue la reconstrucción de parte de la vida de Edison en el Museo de los Inventos que Ford estaba construyendo en Dearborn, Michigan. Ford había mandado construir una reproducción a tamaño real de su pueblo natal. Junto a éste, mandó construir otra del laboratorio de Menlo Park, la hospedería de la localidad, la vieja estación de Smith's Creek en la que Edison empezó a trabajar como telegrafista y una locomotora modelo Grand Trunk con un vagón postal como en el que Edison había instalado su primer periódico.

Pese a haber recibido condecoraciones de la mayoría de los países desarrollados, no tenía ninguna condecoración oficial del Estado Norteamericano hasta que, en 1928, le fue concedida la Medalla de Honor del Congreso de los Estados Unidos, máxima condecoración de carácter civil otorgada por el gobierno norteamericano.

Con motivo del 50º aniversario de la lámpara incandescente, los que formaban parte de la Edison Pioneer, constituida por los antiguos colaboradores de Edison en Menlo Park y en West Orange, decidieron rendirle un homenaje para lo que acudieron a la financiación de la General Electric Company. Estos, quienes ya habían venido utilizando el nombre de Edison para sus anuncios publicitarios sin el conocimiento del inventor, vieron buena forma de quitarse el desprestigio que habían tomado en los últimos años por su carácter monopolizador, valiéndose del homenaje a Edison. Edison no sabía nada de los planes de los Edison Pioneer ni mucho menos que iba a ser organizado por la General

Electric. Cuando éstos empezaron a organizar un suntuoso proyecto para el gran evento, Henry Ford se enteró, por boca de uno de los amigos de Edison, de lo que estaban planeando. Éste, encolerizado, decidió aguarles la fiesta, por lo que aceleró las obras en Greenfield Village, para hacer coincidir la inauguración con el aniversario de la lámpara incandescente, y homenajear al inventor en Edisonia, nombre con el que denominó al Museo de Inventos. Cuando Edison llegó a Dearborn, dos días antes de la celebración, tenía mal aspecto físico ya que había estado enfermo unos meses antes y todavía no estaba recuperado. No obstante, se quedó maravillado al ver la obra de arte que su amigo había construido, viendo con admiración desde los instrumentos y piezas que había utilizado en su trabajo, hasta el Gran Trunk. Tal fue el grado de fascinación que llegó a comentarle a su amigo que se había logrado un noventa y nueve y medio por ciento de perfección, atribuyendo el resto a que todas las instalaciones reconstruidas estaban mucho más limpias y ordenadas de lo que habían estado nunca las auténticas.

El mismo día del evento, el 21 de octubre, el presidente Hoover junto a su esposa y varios dirigentes políticos y financieros norteamericanos, llegaron a Dearborn, donde coincidieron con representantes del mundo científico como Wright o madame Curie. En las afueras de la ciudad se encontraron con el matrimonio Edison y el matrimonio Ford. Todos juntos se dirigieron en un ferrocarril de mediados del s. XIX hasta la reconstrucción de la estación de Smith's Creek, donde Edison pudo revivir los años en que, siendo apenas un niño, encontró en el mundo de los trenes sus primeros trabajos.

Esa misma noche, en la reconstrucción del laboratorio de Menlo Park, hizo una demostración de cómo se montaban y funcionaban las lámparas de incandescencia inventadas por él y su equipo cincuenta años atrás. Quizá en el reconstruido viejo laboratorio se diera cuenta del paso del tiempo. Johnson,

Batchelor, Kruesi y Upton, sus viejos ayudantes en los primeros tiempos, habían fallecido todos tiempo atrás; solamente Francis Jehl quedaba vivo para ayudarle a hacer la demostración.

El último acto del homenaje consistía en una cena de 500 personas a la que Edison estuvo a punto de no poder asistir por su delicado estado de salud. Sufrió un desfallecimiento del que se repuso lo justo como para poder acabar el acto. Durante la cena, se sucedieron los discursos, los comunicados, los mensajes y terminó con una breve alocución de Edison que decía:

Esta experiencia me hace comprender ahora, más que nunca, la sensibilidad que poseen los norteamericanos y esta celebración de las bodas de oro de la luz eléctrica me llena de gratitud. En cuanto a Henry Ford no tengo palabras con qué expresar mis sentimientos. Lo más que puedo decir a todos es que, en la mayor y más amplia acepción de la palabra, Ford es mi amigo. He dicho.

Tras su intervención Edison se desmayó y tuvo que ser atendido por el médico que siempre acompañaba al presidente Hoover. Una vez reanimado, fue trasladado a la residencia de Ford dónde acabó su recuperación tras largos días de estancia en la cama. Edison, que siempre había desconfiado de los médicos, achacaba su debilidad al tiempo de ocio y, sobre todo, a lo abrumado que se había sentido en el homenaje. Su único deseo era volver a su trabajo en su laboratorio.

Por aquél entonces, Edison padecía cuatro enfermedades de imposible curación en aquellos tiempos: intoxicación urémica, la enfermedad de Bright, diabetes y úlcera gástrica. Los médicos recomendaron que, puesto que se encontraba mejor en períodos en los que realizaba su labor de investigador, permaneciera en su residencia de Glenmont ocupado en sus quehaceres habituales.

Los dos últimos años de la vida de Edison, marcaron su derrumbe personal definitivo. Pasaba largas temporadas sin aparecer por su laboratorio, se alimentaba mal, había días que ni se levantaba de la cama pero jamás dejó de recibir a sus trabajadores cuando le informaban de avances en investigaciones. Los días que Edison podía trabajar en su laboratorio eran para él los únicos momentos en los que se sentía nuevamente vivo.

Para poder estar pendiente de su marido, Mina Edison, hizo instalar en el estudio donde Edison trabajaba una mesa desde la que ocuparse de la labor asistencial que realizaba. Edison seguía interesándose por temas de actualidad, como muestra que se preocupase por la aeronáutica. Aprovechó una visita del pionero Charles Lindbergh, quien había realizado el primer vuelo sin escalas entre Estados Unidos e Inglaterra, para preguntarle acerca de los principales problemas de un piloto. Supo que eran fundamentalmente tres: el control durante el aterrizaje y el despegue y, sobre todo, el pilotaje cuando había niebla. Pronto desarrolló en su mente un sistema de navegación con niebla y esperó, en vano, la oportunidad de poder construirlo.

Poco a poco, sus capacidades iban menguando, cada vez leía más y trabajaba menos. Sus lecturas favoritas eran, no podía ser de otra manera, sobre los últimos avances científicos. Llegó a hacer un vaticinio en clara referencia a la bomba atómica: *Un día, la ciencia producirá una máquina de una fuerza tan aterradora por su potencia, tan terriblemente destructiva, que incluso el hombre, el guerrero, que desafía la tortura y la muerte para infligir tortura o muerte, se sentirá espantado y abandonará la guerra para siempre.* Admiraba el trabajo de Einstein y se lamentaba frecuentemente de tener poco conocimiento de matemáticas como para entenderlo en profundidad, echando por tierra su tradicional desdén hacia la ciencia pura y los científicos teóricos. Su intuición seguía viva al pronosticar que quedaban todavía muchos años para que la potencia de la tecnología atómica pudiera ser aparejada y utilizada.

El 1 de agosto de 1931 Edison sufrió una fuerte recaída que hizo pensar en su cercano fallecimiento. Sin embargo, se recuperó lo suficiente como para poder albergar esperanzas de recuperación. Aquel verano fue muy caluroso y, para soportar las altas temperaturas, se hizo instalar un nuevo invento que lograba enfriar el ambiente y que era conocido como aire acondicionado. Gracias a eso, pudo sobrellevar las altas temperaturas. Era consciente de que su estado de salud le impedía trabajar, lo que le hizo caer en una depresión que le llevaba, inevitablemente, a empeorar progresivamente. En el mes de septiembre había empeorado notablemente y su amigo Ford acudió a interesarse por él. Edison reaccionó muy bien a la visita e incluso mantuvo una larga charla con su viejo amigo.

Su afán por conocer todo lo que le rodeaba le llevó a preocuparse durante sus últimos meses de vida por cuestiones de medicina. Vivía rodeado de médicos y éstos eran los únicos que podían enseñarle algo, por eso se informó sobre sus dolencias, los medicamentos que tomaba y el efecto que producían éstos. Incluso aprendió a realizar análisis de orina para lo que pidió un microscopio que permaneció en su habitación hasta su muerte.

El mes de octubre fue una larga agonía en la que Edison pasaba largos períodos en coma. Su fortaleza quedaba patente en el hecho de que cuando despertaba volvía a hablar con criterio y regía en las conversaciones. Se sabe que sus últimas palabras se las dirigió a Mina, su mujer. Ésta le preguntó que si sufría a lo que Edison contestó: *No, espero*.

Las últimas horas de Edison, congregaron la atención de gran número de periodistas, que rodeaban la residencia de Glenmont que se encontraba ocupada por muchos empleados del laboratorio. Su hijo Charles era el encargado de tenerles al tanto, para ello, usaba la misma frase que su padre había usado en 1879 cuando probaba la duración de sus lámparas de incandescencia en Menlo Park. En aquella ocasión, los miembros del laboratorio pasaron una noche en vela y cuando comprobaban que la lámpara seguía encendida comunicaban al resto: *la luz todavía arde*.

El sábado 17 de octubre, Edison se apagó poco a poco, falleciendo a las tres horas y veinticuatro minutos de la madrugada del domingo 18 de octubre. Su muerte sería proclamada al mundo a través de muchos de los aparatos de comunicación inventados por Edison.

La capilla ardiente del mago de Menlo Park fue instalada en la biblioteca de su laboratorio en West Orange. A los tres días, fue enterrado en el cementerio de Rosedale de donde fue exhumado años después para ser enterrado junto a su segunda esposa en Glendmont. El último homenaje que brindó el pueblo norteamericano a Edison, propuesto por el presidente Edgar Hoover, consistió en apagar las luces de sus domicilios durante dos minutos el mismo día en que fue enterrado.

La noticia del fallecimiento de Edison llegó rápidamente a todos los rincones del mundo civilizado. En España los periódicos publicaron la noticia el martes 20 de octubre de 1931 al no publicarse periódico los lunes. Recogemos a continuación los titulares de los periódicos más importantes:

Ha muerto el glorioso inventor Thomas A. Edison. ABC, martes 20 de octubre de 1931. Edición de la mañana. Pag. 27. Este periódico dedicó su portada del 20 de octubre a la noticia.

Edison falleció a las tres y media de la madrugada del domingo. El debate, martes 20 de octubre de 1931.

Ha muerto Edison (El Brujo). El Socialista, 21 de octubre de 1931.

Ha muerto Edison. El Liberal, 20 de octubre de 1931. Pag. 7.

VALORACIÓN PERSONAL

No resulta nada fácil valorar la onda expansiva de sus invenciones en cuanto a que Thomas A. Edison ha representado una de las figuras más importantes en la Segunda Revolución Industrial de Estados Unidos y cuyas consecuencias llegaron a implantarse en el resto del mundo. Cómo explicar que desde niño ya sabía lo que quería y no dejó de trabajar para conseguirlo a pesar de los muchos obstáculos que se iba encontrando en su realización.

Vivió en una época y lugar donde el hombre debía hacerse a sí mismo y generar su propia riqueza. Edison tuvo la genialidad de inventarse a sí mismo para poder inventar así cualquier artilugio o proyecto para solucionar los problemas que le impedían seguir adelante con sus invenciones. A este hecho añadimos el ingrediente fundamental que sin él muchos de sus proyectos no se habrían cumplido: la persistencia. Todo ello recubierto de una alta dosis de seguridad en sí mismo que hizo que, en aquellos momentos en los que los inversores no querían seguir apoyándole económicamente en su proyecto de la luz eléctrica, ignorara las críticas y siguiera adelante empleando su tiempo en lo único que le interesaba: inventar. También tuvo el acierto de rodearse de buenos colaboradores, quienes siempre respetuosos por su trabajo y conscientes de la importancia de lo que tenían entre manos, le apoyaron y acompañaron incondicionalmente hasta el final de su carrera. A pesar de estas buenas compañías, siempre le estuvo acechando la ambición de otras personas, quienes motivadas por el ansia de enriquecerse, le engañaron con falsas amistades.

Aquella excepcional forma de ser le ayudó a sobrevivir frente a los gigantes monopolísticos y las grandes financieras. Mientras los empresarios coetáneos pensaban en la forma de amasar dinero, él, desde un principio, se guiaba por criterios muy diferentes con el máximo exponente de, lejos de enriquecerse, inventar utensilios con la única finalidad de hacer la vida más cómoda a la sociedad. A pesar de haber conseguido tantos logros, que al final de su vida le fueron consecuentemente reconocidos, su mente no dejó de maquinar en beneficio del desarrollo de las tecnologías.

Se podría decir que nació para ser lo que fue y él lo tenía muy claro. Vivió en una sociedad regida por el materialismo y Edison contribuyó a ello inconscientemente ya que su finalidad no era el enriquecimiento material. Desde que instaló, cuando era un niño, un pequeño laboratorio, siguió investigando hasta los últimos años de su vida. Estaba presente en una sociedad que estaba esperando a un hombre como él, solucionando los problemas de los gigantes. Necesitaba dinero para sus investigaciones y los otros se lo daban porque veían en él una fuente de riqueza. En aquel momento se rechazaba a los científicos teóricos. A lo largo de todo ese tiempo fue arraigándose en su modo de ser el rechazo hacia la teoría, porque pensaba que al no ser práctico no beneficiaba a la sociedad. Esto hace cuestionar hasta qué punto son favorables para la sociedad los avances tecnológicos, a toda costa, frente a los estudios científicos que, podrían aportar, a la larga, una mejor calidad de vida. No sería justo rechazar a aquellos que con sus investigaciones intentan salvar a la humanidad de enfermedades. ¿De qué sirve llenar todo el planeta de tendidos eléctricos, centrales eléctricas, redes de telecomunicaciones? Se crean necesidades que hace años la humanidad no tenía, además de beneficiar económicamente a aquellos que controlan estos servicios. No obstante, Edison no pensó en eso a lo largo de su vida, mientras pasaba largas horas en sus laboratorios inventando. Sí lo supo al final de sus días cuando pensó que el descontrol en los avances tecnológicos podría llevarnos hasta una bomba atómica.

Thomas A. Edison fue digno merecedor de todos los homenajes que recibió en vida y los póstumos que hoy en día se siguen haciendo. No sólo fue el artífice de la luz eléctrica, también se creó a sí mismo. Después de él no ha existido ninguna persona como él, incluso hoy en día cuando parece que «todo» se puede conseguir.

El verdadero progreso es el que pone los avances tecnológicos al alcance de todos.

Henry Ford

CRONOLOGÍA

1730 — John Edison, bisabuelo de Thomas A. Edison llega de Europa a Estados Unidos. Se instala en Crown Colony, Nueva Jersey.

1765 — John Edison se casa con Sarah, hija de Samuel Ogden.

1792 — Samuel Ogden, abuelo de Thomas A. Edison, nacido en Canadá, se casa con Nancy Stimpson.

1804 — Nace Samuel Ogden Edison, padre de Thomas A. Edison.

1828 — Samuel Ogden Edison contrae matrimonio con una joven maestra de escuela llamada Nancy Elliot.

1833 — Nacimiento del periódico *New York Sun*.

1835 — Samuel Morse crea un telégrafo eléctrico formado por una batería y un magneto.

1837 — Tras el fracasado movimiento independentista, liderado por William Lyon McKenzie, Samuel Ogden se ve obligado a huir de Canadá a Estados Unidos.

1839 — Samuel Ogden Edison lleva a su familia a Milán, Ohio.

1847 — El 11 de febrero nace Thomas Alva Edison en el pueblo de Milán, Ohio, en Estados Unidos.

— Ese mismo año nace también Alexander Graham Bell, en Escocia.

1848 — Sir Joseph W. Swan inicia sus investigaciones acerca de la lámpara incandescente utilizando un filamento de carbón en forma de herradura.

1850 — Entre Dover y Calais se tiende el primer cable telegráfico submarino.

1851 — Nacimiento del periódico *New York Times*.

— Exposición Universal de Londres.

1853 — Exposición Universal de Nueva York.

— W. Thomson define el concepto de energía.

— Llega el ferrocarril a Milán.

1854 — Samuel Edison, padre de Thomas Alva Edison, se traslada con su familia a Port Huron del Estado de Michigan, en Estados Unidos.

1855 — A la edad de ocho años Edison comienza a ir a la escuela.

— Michael Faraday escribe: *Investigaciones experimentales sobre la electricidad,* libro que Edison utilizaría como base para sus conocimientos sobre esta materia.

— Exposición Universal de París.

— Nancy Elliot decide encargarse de la educación de su hijo Thomas A.

1856 — Se crea la Western Union.

1857 — Thomas Alva Edison, a la edad de 10 años, instala en el sótano de su casa un laboratorio para sus experimentos.

1859 — Llega el ferrocarril a Port Huron.

— Fecha en la que Edison cominenza su primer trabajo en el ferrocarril Grand Trunk, en el trayecto que recorría Port Huron y Detroit, como vendedor de periódicos y artículos comestibles.

1861- — Guerra de Secesión de Estados Unidos.
1865

1862 — Edison construye una pequeña imprenta en el vagón del tren y edita el periódico *The Weekly Herald*. Esto constituiría el primer periódico editado en un tren. La relevancia fue tal que *The London Times* publica una breve historia sobre el personaje y su periódico siendo así su primera exposición a la notoriedad internacional.

— Como gratitud al haber salvado de ser atropellado por un tren a su hijo, J.U. Mackenzie, un agente de la estación de Mount Clements, Estado de Michigan, le ofrece enseñarle a usar el telégrafo con lo que aprende el oficio de telegrafista.

— Fabrica su primer telégrafo con el que puede comunicar varias casas distantes entre sí medio kilómetro.

— Exposición Universal de Londres.

1864 — En el mes de mayo de 1864, consigue un trabajo como telegrafista en la estación de Stratford Junction, Ontario. Su sueldo es de 25 dólares.

— Edison comienza una nueva etapa itinerante como telegrafista, ocupando puestos de trabajo en diferentes ciudades del Este de Estados Unidos: Adrian, Fort Wayne, Indianápolis, Cincinati, etc.

1865 — El 15 de abril muere Abraham Lincoln.

1868 — Comienza a trabajar en la Western Union, en Boston, como telegrafista.

— El 11 de octubre de 1868 registra su primera patente: un contabilizador de votos automático.

— Conoce a Michael Faraday, lo cual le influencia muy positivamente en sus estudios sobre electricidad y magnetismo.

— Año en el que se traslada a Nueva York.

1869 — Comienza a trabajar en la Gold Indicator Company, empresa dedicada a la transmisión telegráfica de valores de Bolsa con sede en Nueva York.

— El 24 de septiembre: «viernes negro». Punto álgido de la «fiebre del oro» en Nueva York y pánico en la Bolsa.

181

— El 1 de octubre se funda la empresa Pope, Edison & Co. dedicada a la ingeniería eléctrica. La noticia aparece en el *Telegrapher*.

— Recibe la cantidad de 40.000 dólares por su «Indicador Universal Edison». Envía gran parte de ese dinero a su familia para que sobrellevaran la desesperada situación familiar por la que pasaban.

1870 — Thomas A. Edison se desvincula de la sociedad Pope, Edison & Company.

1871 — En el invierno de este año, construye una fábrica de indicadores de cotización en Newark.

— Comienza a desarrollar la investigación sobre el telégrafo cuádruplex.

— Consigue la decodificación automática del Morse adaptando un cilindro mecánico a la maquinaria de una máquina de escribir para que imprimiese las letras sobre cinta de papel.

— El 9 de abril fallece Nancy Elliot, madre de Thomas A. Edison.

— El 24 de abril la Authomatic Telegraph Company le contrata para perfeccionar el telégrafo de George D. Little.

— Amplia su fábrica y creó la Edison & Murray.

— El 25 de diciembre, contrae matrimonio con la joven de 16 años, Mary Stilwell.

1872 — Nace su hija Marion a la que apodaron Dot en honor al telégrafo.

— En el invierno de aquél año consiguietransmitir telegráficamente, mediante el Código Morse, mil palabras por minuto entre Nueva York y Filadelfia.

1873 — El 29 de abril realiza su primer viaje a Londres con el fin de demostrar ante el Ministerio de Correos Británico su nuevo sistema de telégrafo automático de alta velocidad. Consigue transmitir mensajes a gran velocidad desde Liverpool a Londres.

1874 — En julio consigue enviar cuatro mensajes simultáneos por un mismo cable, dos en cada sentido, con un total de cuarenta y dos mensajes por hora.

1875 — A lo largo de este año se desarrolla el juicio entre la Western Union y la Atlantic and Pacific Telegraph Company por la cesión de patentes de Edison a favor de la Atlantic.

1872- — Desarrolla algunos de sus inventos como el sis-
1875 tema de telegrafía dúplex, la pluma eléctrica, un sistema de alarma y el mimeógrafo.

1876 — Nace su hijo Thomas, apodado Dash siguiendo el mismo criterio que su hija Marion.

— En la primavera de 1876, se instala en Menlo Park, a 25 millas de la ciudad de Nueva York, y construye su nuevo laboratorio que representaba en sí uno de sus mejores inventos.

— Patente del teléfono de Graham Bell; Poco después, Elisha Gray presenta la patente del suyo.

— Werner Siemens inventa la dinamo.

— Moses G. Farmer presenta tres lámparas de arco voltaico con gran potencia en la Exposición de Filadelfia.

1877 — El 27 de abril de 1877 consigue la patente del sistema que mejoraría la transmisión de sonidos del teléfono de Bell el transmisor telegráfico hablador.

— El 15 de diciembre Edison presenta la patente del fonógrafo.

1878 — Primera patente inscrita por Edison: el botón de hollín de carbón como transmisor telefónico.

— Nacimiento de su hijo William Leslie.

— A finales de año, realiza una excursión a las Montañas Rocosas, invitado por el profesor George F. Barker y acompañado de otros hombres dedicados a la ciencia, con motivo de presenciar un eclipse solar. Durante ese viaje pone a prueba uno de sus inventos capaz de medir la variación de la temperatura con gran precisión.

— A finales de ese año comienza sus investigaciones sobre la lámpara de incandescencia.

— Patente de la lámpara de corriente alterna.

— Edward Huges inventa el micrófono.

— Exposición Internacional de París.

1879 — El 15 de marzo tuvo lugar la demostración de los nuevos receptores de teléfono de Edison en Gran Bretaña mediante una conversación entre el príncipe de Gales y el Primer Ministro Británico Gladstone.

— El 21 de octubre presenta la primera lámpara incandescente con filamento de carbón cuya duración era de más de cuarenta horas seguidas.

— 31 de diciembre tiene lugar una exhibición del sistema de alumbrado en Menlo Park.

— Tendido de cables subterráneos en Nueva York.

— Nace Albert Einstein.

1880 — Amplía el laboratorio de Menlo Park para la fabricación de lámparas incandescentes.

— Desarrolla una locomotora eléctrica.

1881 — Edison decide trasladarse a Nueva York para realizar el tendido eléctrico por toda la ciudad.

— Edison obtuvo el diploma de honor en la Exposición de Electricidad en París.

— Desarrolla la investigación acerca de la telegrafía sin hilos.

1882 — El 4 de septiembre de este mismo año Edison realiza la prueba de la primera instalación de tendidos eléctricos en Nueva York.

1883 — El 15 de noviembre se registra la patente de la lámpara de Efecto Edison.

1884 — El 9 de agosto muere su esposa Mary después de padecer la enfermedad de tifus.

— Edison funda la Edison Lamp Company.

— La prensa empieza a hablar de un Edison millonario.

1886 — El 24 de febrero Edison contrae matrimonio con Mina Miller. Se trasladan a vivir a West Orange, donde también construye su laboratorio.

— Comienza sus investigaciones sobre la representación de imágenes animadas.

1887 — Se registran 80 patentes relacionadas con las mejoras del fonógrafo, durante los años comprendidos entre 1887 y 1890.

— Publicación de la sentencia por la que se reconocen a Antonio Meuci los avances teóricos sobre el teléfono, pero no le reconocen la patente frente a Bell.

1888 — Se funda la empresa Edison General Electric.

— En el mes de mayo nació su hija Madelaine.

— Inventa por casualidad la silla eléctrica.

— Exposición Universal de Barcelona.

1889 — Edison y Mina Miller hacen un viaje por Europa.

— William Kemmler es el primer hombre ejecutado en una silla eléctrica.

1890 — En el mes de agosto nace su hijo Charles.

1891 — El mes de mayo Edison presenta ante la Federación Nacional de Clubs femeninos el kinetoscopio.

1892 — En 1892 tiene lugar la primera conversación telefónica entre Chicago y Nueva York.

— El 15 de abril deja de formar parte de la Edison General Electric Company.

— Se introduce en la Industria del hierro hasta 1899.

— El mes de diciembre Edison construye el estudio de cine en West Orange llamado Black María.

1893 — La Exposición Mundial de Chicago es iluminada por luz eléctrica mediante corriente alterna.

1894 — Norman C. Raff y Frank Gammon crean la sociedad The Kinetoscope Company firmando un contrato con Edison para el suministro de reproductores y películas.

1896 — Fallece el padre de Edison a la edad de 93 años.

1897 — Henry Ford comienza la construcción de coches propulsados por gasolina en Detroit.

1898 — En el mes de julio nace su hijo Theodore.

1900 — Edison comienza sus investigaciones sobre baterías para los automóviles.

— Edison crea la Edison Porland Cement Company.

1903-
1904 — Tienen lugar dos grandes éxitos comerciales en la reproducción de películas en el Black María: *La vida de un bombero americano* y *El asalto al tren*.

— Edison constituye la Thomas A. Edison Inc. dedicada al rodaje de películas y a la construcción y gestión de salas de proyección.

— El 11 de febrero y con motivo de su cumpleaños, Edison es homenajeado por el Instituto Americano de Ingenieros Electricistas, en uno de los hoteles más importantes de Nueva York, el Waldorf-Astoria.

1909 — Por aquella fecha Edison ya había construido en todo Estados Unidos más de 800 salas de proyección.

1911 — Edison unifica todas sus fábricas creando la Thomas A. Edison Incorporated.

1912 — Edison se dedica a fabricar discos para las grabaciones sonoras.

1914 — El 9 de diciembre arde el laboratorio de West Orange.

— Comienza la Primera Guerra Mundial.

1915 — El trasatlántico *S.S. Lusitania* es hundido por un submarino alemán.

— Edison es invitado a participar en el Naval Consulting Board, como apoyo a las investigaciones sobre nuevas tecnologías para la Marina.

1916 — Edison, junto con sus amigos Henry Ford y Harvey Firestone y John Burroughs comienzan lo que la prensa dio a conocer como «viajes de gitanos», recorriendo el país en automóvil.

1917 — Estados Unidos entra a formar parte en la Primera Guerra Mundial.

1927 — Se crea la Edison Botanic Research Company destinada a la obtención de caucho para la fabricación de neumáticos.

1928 — Le es concedida la Medalla de Honor del Congreso de los Estados Unidos, máxima condecoración de carácter civil otorgada por el gobierno norteamericano.

1929 — Henry Ford hace en Dearborn, Michigan, una reconstrucción de su pueblo, Greenfield Village y del laboratorio de Menlo Park. Allí se hace un homenaje a Edison con motivo de su 82 cumpleaños y del 50 aniversario de la luz eléctrica.

1931 — El 18 de octubre fallece Thomas Alva Edison en Essex, Nueva Jersey, a la edad de 84 años.

BIBLIOGRAFÍA

THOMAS, A.: *Edison, Grandes Biografías,* Ediciones Rueda J.M., S.A., 1991.

FRITZ VÖGTLE:/ *Edison,* Biblioteca Salvat de Grandes Biografías, Salvat Editores, S.A. Barcelona, 1988.

MATTHEW J.: *Edison,* Plaza & Janes, S.A. Editores, Barcelona, 1962.

MORALES, M.: *Vida de Edison,* Biografías y Memorias, Ed. Seix-Barral, Barcelona, 1942.

WAL, A. C. Van der.: *Thomas Alva Edison,* Biografías y Memorias Rueda J. M., Ediciones, España, 1996.

VV.AA.: *Thomas Alva Edison, (Grandes Biografías),* Biografías y Memorias Idea Equipo Editorial, Madrid, 1996.

THOMAS A. EDISON.: Biblioteca Histórica Grandes Personajes, Ed. Urbion, Barcelona, 1984.

VV.AA.: *Diccionario Enciclopédico Salvat Universal,* Ed. Salvat, Barcelona, 1986.

PAREDES, J. et all.: *Historia Universal Contemporánea,* Ed. Ariel, Barcelona, 1999.

KINDER, H. y HILGEMANN, W.: *Atlas Histórico,* Ed. Istmo., Madrid, 1992.

— <www.artehistoria.com>.
— <www.thomasedison.com>.
— <http://memory.loc.gov/ammem/edhtml/edmvhist1.html>.

ÍNDICE